高职学生工作探索与创新

大学生思政工作论文集

(2014年卷)

镇　江

图书在版编目(CIP)数据

高职学生工作探索与创新：大学生思政工作论文集. 2014 年卷 / 徐红主编. —镇江：江苏大学出版社，2016.4
ISBN 978-7-5684-0188-3

Ⅰ.①高… Ⅱ.①徐… Ⅲ.①高等职业教育—思想政治教育—中国—文集 Ⅳ.①G711-53

中国版本图书馆 CIP 数据核字(2016)第 069993 号

高职学生工作探索与创新：大学生思政工作论文集(2014 年卷)
Gaozhi Xuesheng Gongzuo Tansuo Yu Chuangxin：Daxuesheng Sizheng Gongzuo Lunwenji (2014 nian juan)

主　　编/徐　红
责任编辑/李经晶
出版发行/江苏大学出版社
地　　址/江苏省镇江市梦溪园巷 30 号(邮编：212003)
电　　话/0511-84446464(传真)
网　　址/http://press.ujs.edu.cn
排　　版/镇江文苑制版印刷有限责任公司
印　　刷/虎彩印艺股份有限公司
经　　销/江苏省新华书店
开　　本/890 mm×1 240 mm　1/32
印　　张/5.375
字　　数/130 千字
版　　次/2016 年 4 月第 1 版　2016 年 4 月第 1 次印刷
书　　号/ISBN 978-7-5684-0188-3
定　　价/28.00 元

如有印装质量问题请与本社营销部联系(电话:0511-84440882)

前 言

高等院校担负着培养社会主义建设者和接班人的历史重任，随着社会的变革，新时期大学生思想政治教育面临着许多新情况、新问题，如何加强和改进大学生思想政治教育工作，已经成为高校思想政治工作者需要不断思考和探索的重要课题。杭州科技职业技术学院广大思政教育工作者认真学习习近平总书记系列重要讲话，深入贯彻中央和省市关于加强和改进大学生思想政治教育的文件精神，坚持以立德树人为工作目标，紧密结合社会经济发展和高职院校学生思想实际，积极探索，不断创新大学生思想政治教育工作的途径和方法，引导教育学生德业兼修、知行合一，促进学生成长成才，积累了不少宝贵的经验和做法。

为了进一步提高学生思想政治教育工作队伍的专业素质、创新能力与科研水平，推动学生思想政治教育服务、管理、研究水平的提升，增强思想政治教育工作的科学性和实效性，杭州科技职业技术学院每年在组织开展思政教育研究专项课题申报、思政教育工作优秀论文和学生工作创新项目评选活动的基础上，将理论和实践探索优秀成果汇编成《高职学生工作探索与创新：大学生思政工作论文集(2014 年卷)》一书，并形成系列论文集。

《高职学生工作探索与创新：大学生思政工作论文集(2014 年卷)》收录了 21 篇论文，文章涉及高职院校学生思政教育、学生教育管理、职业生涯规划、就业创业工作、心理健康教育、学工队伍建设等领域，既有对理论的思索探究，也有对实践经验的总结升华，内容丰富，观点新颖。作者均来自学校思政教育工作一线，这些文章虽算不上鸿篇大作，但却凝结着思政教育工作者们求真务实、勇于探索、奋进创新的成果，同时也能从中深切体会到学校大力倡导并践行的陶行知先生"爱满天下"、"千学万学学做真人，千教万教教人求真"的教育理念，企望广大思想政治教育工作者能够从中获得一定的启发和收益。

在本论文集的编辑过程中，得到了学校党委宣传部、学工部、团委、科技处、公共教学部等相关部门，以及各二级学院相关领导和老师的大力支持，在此一并表示衷心的感谢。另外，限于作者与编者的经验与精力，文集中难免会有一些缺陷和不足，敬请广大师生批评指正。

本书编委会

目　录
CONTENTS

思想政治教育

学生教育管理

就业创业指导

心理健康教育

学工队伍建设

思想政治教育

职业院校大学生思想政治教育实效性研究

杨 挺

摘 要：通过分析思想政治教育的实效性的内涵和职业院校学生思想政治的特点，阐述了观念认识在提高职业院校大学生思想政治教育实效性中的重要性，及树立起正确的思想政治教育观的必要性。

关键词：思想政治教育　实效性　观念认识

近年来，随着国家对职业教育的高度重视，职业院校就业形势良好，学生也得到了用人单位的普遍认可，国家对职业院校学生思想政治教育工作的重视程度也提高到一个新的层次，特别是对其实效性研究十分关注。目前，普遍认为思想政治教育工作在职业院校中的开展较为困难，实效性较差。很多学者认为职业院校学生综合素质方面与本科院校学生相比存在一定差距，这给思想政治教育工作带来不小的难度，这是造成实效性差的主要原因。

笔者认为职业院校思想政治教育工作实效性差的主要原因不是学生的差别，而是教育方式方法的问题。职业院校的教师依然按照原来的一套面对学生，没有注意学生受众的变化，所以为了提高思想政治教育实效性，提高教师的观念认识很重要。

一、思想政治教育实效性的内涵

思想政治教育是指社会或社会群体用一定的思想观念、政治观点、道德规范，对其成员施加有目的、有计划、有组织的影响，使他们形成符合一定社会要求的思想品德的社会实践活动。“有效”这一词汇在《现代汉语词典》里的解析是：能达到预期目的，有效果。

目前对大学生思想政治教育的实效性内涵的论述很多，对其存在广义和狭义上的区分和认识。从广义上来讲，思想政治教育的实效性内涵就是围绕高校学生思想政治教育总体方向和目标，积极开展各类思想政治教育活动，然后将其客观结果与总体目标相比较，所最终达到的真实程度和有效程度，以及这一结果给受教育者和社会所创造的物质成果和精神成果。而从狭义上来看，是指按照高校学生思想政治教育目标、内容的要求，结合高校思想政治教育的特点，发挥高校思想政治教育功能，对学生开展思想政治教育活动，其结果与要求相比对，所达到的真实程度和有效程度。张耀灿、郑永廷等学者提出，实效性主要指方法的可操作性、在实践中的可行性、产生良好结果的可靠性。由此可以看出，尽管对思想政治教育的实效性的认知不完全相同，但是总体来看是大同小异的，在共同目的上是一致的，即达到思政教育的预期目标，且最后反馈效果良好。

二、职业院校学生的思想状况

近年来，由于高考制度改革、大学扩招等原因，生源日趋紧张，高职生进校的高考录取成绩大部分都不高，他们的学习基础是相当薄弱的。进入大学后，他们所学的理工科知识内容又相对枯燥难懂，会感到学习难度大、压力大，当他们遇到困难，学无所获时，便逐渐产生厌学情绪。

高职学生在学业功底、理论素养、学习方法等方面与本科学生相比,存在着不小的差距。他们对学校所安排的人文社科类课程也会有所质疑。不少学生认为,自己接受的是职业教育,就应该以市场需求为导向,学好专业技能就可以了,技术才是实实在在的,是“实课”,而思想政治理论课是“虚无缥缈”的,是可有可无的课程,是空洞的理论说教,纯粹是为了修满学分。甚至不少学生认为:“政治类课程没有什么实用价值,不像所学的专业课程能够帮助解决生产中的技术难题,增加职业技能,增强就业的砝码。”因此,不少学生对思想政治理论课不重视,平时上课不认真,迟到、早退、旷课等现象时有发生。再加上学生文化素质的高低不同,也给职业院校思想政治教育课的教学增添了不少难度。

整体看来,职业院校学生思想政治道德状况是积极向上的、是健康阳光的。但也不能忽视,随着我国改革开放的日趋深入以及经济社会发展的日新月异,受价值观念的多元化影响,大学生的思想受到一定程度的冲击和影响,导致一些学生的思想政治品德素质不高,表现为以下几种特点:

(1)理想信念弱化。随着我国经济高速融入世界市场,大量西方腐朽的思想也随之而来,大学生正处于价值观形成阶段,不能正确认识和区分西方文化中的精华与糟粕,这些腐朽的思想文化严重扰乱他们的心智,腐蚀他们的心灵,造成了不可估量的伤害。部分人对个人主义、拜金主义、享乐主义等十分认同;有些学生对中国特色社会主义的基本内容认识出现偏差,甚至对社会主义的光明前途表示怀疑等。

(2)价值追求功利化。我国社会主义市场经济高速发展,物质财富得到极大地丰富,在这种时代背景下,当代大学生具备较强的独立意识、创新意识、创业意识,这是时代赋予他们的得天独厚的优势与潜质。但同时应该看到，纷至沓来的大量西方文化思潮和价值观念，严重冲击着他们，一些腐朽、低俗、落后的糟粕思想观念悄无声息地影响了大学生正确价值观的形成。有数据显示，有些大学生在人生价值追求中，功利性因素浓厚，其价值取向已经偏离正确的方向和轨道。

三、树立正确的思想政治教育观

（一）主体性思想政治教育观

主体性教育，就是要把学生放在首位，坚持以学生为本，其目的是积极发展学生的主体性。为此，首先要肯定大学生在思想政治教育中所处的主体地位，大力培育大学生的主体性，树立主体性思想政治教育观，进而充分发挥其在思想政治教育中不可替代的主体作用。不论是什么形式的教育活动，受教育者那一方都需要积极发挥其主体性，积极参与，否则就会失去意义和价值，效果也会大打折扣，思想政治教育更是这样。如果学生没有作为主体的积极性主动参与的话，思想政治教育活动就会变为空洞乏味的说教形式，没有实际价值和意义可言。所以，为了切实增强思想政治教育的实效性，从根本上实现高校思想政治教育的效果和目的，必须牢固树立主体性思想政治教育观。

而树立主体性思想政治教育观，可以从两个方面进行：一方面是教师组织实施教育的主体性；另一方面是学生能动地接受教育和自我教育的主体性，也就是教育与自我教育，这二者是辩证统一的。首先，学生主体性的发挥需要教师的引导和激发；其次，教师的教育也只有通过学生的积极活动才能发挥效用。归根结底，教师的主体作用也就是对学生主体性的激发、引导和培育。没有学生自身主体性的发挥，思想政治教育活动也就失去了其最大的意义，就不可能真正取得实效。

所以，我们必须在思想政治教育中转换大学生传统的固有角色定位，将大学生激发成为具有充分主动意识和能动意识的“自主人”，进而积极摸索尝试建立一种平等主体间双向互动的新型教育模式和体系，并且对其不断规范和完善，这样才能科学有效地增强职业院校学生思政教育的实效性。

（二）生活化思想政治教育观

生活是思想道德品质形成和发展的根源，也是思想政治教育的基础和土壤。只有通过学生亲身的生活体验，教师所传授的思想观点和行为规范才能被学生所真正理解和掌握，从而转化为学生内在的思想观念，进而根深蒂固于脑海之中；学生的思想道德品质情感、意志和信念都只有在学生自身长期的生活实践中才能得到强化；学生良好的行为习惯只有在长期的践行社会思想道德品质规范的生活实践过程中才能逐步形成；学生的思想道德品质能力也只有通过生活才能得到锻炼和提高，并通过生活体现出来。任何思想政治教育，一旦离开了真实生活，就不可避免地会成为无源之水、无本之木，成为毫无价值的空谈，毫无生命力可言。然而，传统的大学思想政治教育却很大程度上采用机械式的方式对学生进行教条主义式的硬性灌输，偏离了学生的现实生活，缺乏实效性和可操作性，不可避免地使思想政治教育成为空洞的理论说教，与真实生活相脱节的，甚至相悖。

树立生活化思想政治教育观，让教育源于生活，同时又回归生活、服务生活，使思想政治教育能够真正步入客观、真实和鲜活的生活中来，贴近学生的日常学习和生活，真正关注并且满足学生的客观要求和实际需求。基于此，我们需要做的工作还有很多，需要加大教育深度、力度和强度，在转变传统的教育观念的同时，还需要进行不断探索的勇敢尝试，并且丰富教育方式和方法，在工作中做到一切以学生为中心，坚持以学生为本，积极引导和教育学生追求和创造积极的、上进的、美好的、理想的生活。

所以，在不断强化和完善职业院校大学生思想政治教育工作中，很重要也是很基本的一点，就是要毫不动摇地树立生活化思想政治教育观，让思想政治教育回归于原原本本的现实生活之中，紧紧围绕以学生为中心来开展各项思想政治教育工作。在高校，思想政治教育要不断加大对学生生活指导的力度，以及对学生管理的水平。要加大对学生的始业教育、学习指导、心理健康指导、人际关系指导、生活指导、就业指导、创业指导，要努力让大学生懂得学习，善于交往，学会适应大学生活，学会热爱生活，热爱这个社会。因此，我们需要积极探索和实验，通过各种途径和方法加强对大学生的引导、教育和管理，认真做好思想政治教育工作，同时为大学生的学习与成长营造一个良好的外部环境，从而不断促进和完善大学生的成长。

面对职业院校大学生思想政治教育这一庞大而繁杂的系统工程，我们的任务非常艰巨，还有很多工作需要不断去改进、加强和完善。但一切行动都要以思想理论为先导，在教育活动中，需要牢固树立主体性思想政治教育观和生活化思想政治教育观毫不动摇，认真做好各项工作，只有这样才能使职业院校大学生思想政治教育得以逐步深化和完善，从而提高其实效性。

参考文献

[1] 邱伟光，张耀灿：《思想政治教育学原理》，高等教育出版社，2002 年。

[2] 杨双：《高校学生思想政治教育实效论》，《重庆三峡学院学

报》,2003 年第 1 期第 19 卷。
[3] 张耀灿,郑永廷,刘书林,等:《现代思想政治教育学》,人民出版社,2001 年。
[4] 赵峰,金崇华:《高职院校思想政治理论课教学模式改革的实践与思考》,《南通职业大学学报》,2006 年第 9 期。
[5] 赵毅:《思想政治类课程的教学与考核》,《西南科技大学高教研究》,2007 年第 1 期。
[6] 廖志诚:《马克思主义人学视角下传统思政教育的偏差及其矫正》,《思想教育研究》,2005 年第 5 期。
[7] 王永智:《坚持以人为本,努力开创大学生思想政治教育工作的新局面》,《陕西青年管理干部学院学报》,2005 年第 1 期。

微平台视域中“90后”青少年思想引领工作的研究

周婧旻

摘　要：通过分析微平台视域中“90后”青少年思想引领工作优劣两方面的现状，认为该工作的未来发展应该从三方面着手：一是要主动占领微平台这一思想引领阵地；二是在此基础上实现多类型媒体联动，为“90”后青少年思想引领工作开拓渠道；三是要以加强制度建设为保障，建立思想引领工作长效机制。

关键词：微平台　“90后”青少年　思想引领

中国社会科学院新闻与传播研究所在《中国新媒体发展报告(2014)》蓝皮书中提出：“微传播正急剧改变着中国的传播生态和舆论格局；微交往、微文化正在推动社会结构变革和文化发展。”① 随着互联网在我国的不断普及和手机网民的持续增加，以微博、微信等为代表的依托网络和手机电脑等终端发展起来的微平台正在悄悄影响和改变着我们的生活。“截至2012年12月底，我国微博用户规模已达到3.09亿，较2011年底增长了5 873万，年增幅23.5%”，而“微信用户已达6亿，覆盖全球200多个国家和地区，

① 新民晚报：《中国已成新媒体第一大国》，2014－06－25。

发布超过20种语言版本,国内外月活跃用户超过2.7亿”①。

“截至2013年12月,我国20~29岁年龄段网民的比例为31.2%”②,10~19岁年龄段网民占24.1%。在微平台蓬勃发展之际,“90后”作为当下青少年重要且独特的组成部分已经成为微平台的主要使用者,“他们对于新媒体的接受与依赖度以及新媒体对他们所产生的影响作用都超过以往任何一代人”③。

一、微平台视域中“90”后青少年思想引领工作的意义

本文以“微平台视域中”的“90后”为研究对象,“视域”有两个含义,“一是指能产生视觉的最高限度和最低限度的刺激强度,二是指视野,即眼睛看到的空间范围;眼界”。而“90后”作为现在青少年主力军有其特殊的群体特征。笔者认为在此基础上进行的研究是基于以下几方面现实的需求:

(1)进行本研究是数字化时代的现实需要。微平台是信息科技与媒体的紧密结合,伴随着3G时代的全面来临,微博、微信等微平台已经走进“90后”青少年的日常生活,微平台构建的虚拟空间已成为除了物理空间之外的“90后”青少年重要的生活空间之一。

(2)加强微平台环境下“90后”青少年引领工作的研究是应对微平台对道德教育挑战与机遇的迫切需要。微平台不仅给“90后”青少年道德教育带来了严峻挑战,而且对“90后”青少年的主导性也受到微平台信息内容多元化的挑战。

(3)加强微平台环境下“90后”青少年道德教育创新研究是丰富和深化青少年道德教育研究的现实需要。随着微博、微信等新

---

① 北京晚报:《〈2014年新媒体蓝皮书〉发布:微信用户多中产　微博用户多草根》,http://cul.022net.com/2014/194/26/0627112911709876.html.

② CNNIC:《第33次中国互联网络发展状况统计报告》,2014年,第22页。

③ 汪頔:《新媒体时代与“90后”》,《学校党建与思想教育》,2010年第5期,第1页。

媒体的迅猛发展，它们对“90后”青少年思想道德产生了双重影响，对传统道德教育提出了挑战，同时也对新媒体环境下“90”后青少年道德教育研究提出了新要求。

二、微平台视域中“90”后青少年思想引领的现状分析

微平台作为“90后”青少年获取信息的主要渠道之一，其优势主要有：① 获取信息速度快。每天发生在全世界的各种大事小情、各类新闻、好友发布的状态可以在第一时间接收到，通过微平台这个渠道可以更多地靠近社会、贴近社会、体验社会。② 即时通信速度快。即使远隔千里也能通过微平台的即时通讯功能马上联系到友人，也可以设置群组进行多方沟通。③ 实时关注好友状态。好友前一秒发布的动态后一秒就能够看到，并且可以进行实时互动。④ 能畅所欲言表达自我。在微平台中可以畅所欲言地表达自己的心情、观点看法，他人也可以进行评论、点赞等互动。⑤ 界面设计直观方便，操作简单。即使是第一次使用微平台的人也能在稍作摸索后就顺畅操作。微平台的发展促进了自媒体的发展，以微信为例，每个普通人都可以以个人或者公司名义申请公众号进行信息发布。

微平台的特点让其获得了迅速发展，但它给人们带来便利的同时，也让人担忧“90后”青少年在面对微平台的弊端时是否能够理性客观地进行辨别，采取正确的方式应对。

在对“90”后青少年思想引领的工作中发现微平台的弊端主要集中在以下几方面：

（1）平台口径宽，监管不完善，不良消息对“90后”青少年产生负面影响。微平台发布信息存在很大的自由性，一些消极、反动和迷信的非法信息利用微平台的这个特点进行传播，暴力、金钱、色情等信息被过度渲染。当然微平台也在通过各种过滤手段阻止这

些不良信息的传播，但是瞬间发布和转发的功能使得监管困难。“90 后”青少年在接收这样的不良消息后会导致他们出现理想信念缺乏，传统美德弱化、道德缺失产生危机等现象。“还有某些被称作‘微博水军’‘僵尸粉’等群体，出于商业或其他非法目的，对某一件事或某一个人肆意地评论和转发信息，歪曲事实，产生错误的导向，在很多危机事件中造成极为恶劣的后果，使‘90 后’青少年不能客观正确地认识事件的性质。”①网络微平台以其不受时间、空间等条件限制，可以传播最优教育资源，实现学习者自主学习的独特优势，肩负着重要的历史使命。但网络信息的难以控制性和难以过滤性，使一些不健康的内容对大学生的思想政治教育工作带来影响和冲击。②

（2）平台虚拟性，信息易泄露，“90 后”青少年个人隐私得不到保障。一些微平台的使用者在个人信息保密方面不重视，随意将自己的个人信息发布到微平台上。一些别有用心的人恶意窃取他人隐私，利用盗取的微博微信账号发布不良信息或不雅图片，对“90 后”青少年进行欺诈。另外，一些别有用心的人通过“人肉搜索”获得社会热点事件的主人公的个人信息和照片，并进行发布，“90 后”青少年对这些信息进行转发，也在不知不觉中侵犯了他人的隐私。

（3）交友未知性，欺骗易发生，“90 后”青少年微平台交友被骗事件时有发生。以微信为例，微信中雷达加好友、摇一摇加好友、附近的人加好友等功能为“90 后”青少年交友提供了新方法，他们社会阅历尚浅，对这种交友方式存有一种新鲜感、好奇感。但是微

---

① 宁欣，连泽绵：《基于微平台视角下的高校辅导员工作创新研究》，《吉林教育》，2013 年第 1 期。

② 吴爽：《浅谈网络微平台对大学生思政工作带来的契机与思考》，《华章》，2014 年第 12 期。

平台作为虚拟平台，充斥着很多虚假信息，陌生人之间单纯依靠这种交流和接触往往容易导致欺骗事件的发生，甚至会因为欺骗导致更加恶性的事件发生。

(4)“90后”青少年心理、心智等成长易受到不良影响。“90后”青少年一般是指出生于1990—1999年的青少年，他们社会阅历尚浅，还比较容易受到不良思想的侵蚀。在微平台上各种观点相互交织，缺乏现实社会的制约，导致“90后”青少年对同一事物的判断结果不尽相同，思想出现分化。就是在这个多元、分化的过程中很多不良思想、肤浅的判断乘虚而入，影响“90后”青少年对事物的判断，对他们的心理和心智等造成不良影响。

三、微平台视域中的“90”后青少年思想引领工作的开展

(一) 用丰富有趣的内容和包装主动占领微平台这一思想引领阵地

微平台为对“90后”青少年进行思想引领提供了巨大的空间和良好的契机，我们要把握时机，寻求突破口，主动占领这一新型网络信息载体，积极为青少年们提供服务，满足他们思想方面的需求。具体说来，可根据“90后”青少年求异、求新、求有趣的心理建立集知识性、趣味性、服务性为一体的微平台，依托微平台开展形式多样的交流讨论活动，传递充满正能量的主流文化，坚持重大热点问题的科学舆论导向，用正确的观点潜移默化地引导“90后”青少年，增强思想政治教育的吸引力和感染力。同时，团工作者还可以通过微平台密切关注“90后”青少年的动态，收听他们的微博，第一时间捕捉这个群体的思想动态；积极参与评论，加强与他们的沟通与交流。“90后”青少年个性鲜明，由于生活方式和思维方式的变化，他们在与“80后”或者“70后”团工作者进行交流时难免出

现障碍,而微平台恰好成为一条连接他们的纽带,拓展了工作时空,拉近了距离,满足了这个青少年群体的需求。

（二）多类型媒体联动,为"90"后青少年思想引领工作开拓渠道

多种类型媒体联动,为"90"后青少年思想引领工作开辟了宽广渠道。在传统媒体时代,报纸刊物、电视广播等为青少年思想引领工作起到积极作用。随着时代的进步,仅仅通过传统媒体这一渠道已经不能满足现实工作的需要。如现在高校中的学生已经全部是"90后"大学生,笔者在工作中了解到,他们现在接收信息的方式大部分是通过电脑、手机等媒介,传统媒体对于他们的影响已经削弱了。针对这种情况,在具体工作中,既不放松传统媒体这个渠道,通过报纸刊物、电视广播等对"90后"青少年进行潜移默化的教育和引领,通过这些渠道倾听他们的声音;也利用微平台等现代的、先进的媒体平台拉近和"90后"青少年的距离,如利用微信平台每天推送具有正能量的新闻稿件,发起热门事件讨论等。

（三）以加强制度建设为保障,建立思想引领工作长效机制

新生事物在发展过程中总会遇到曲折。从微平台视域中"90后"青少年思想引领工作的角度来看,对于微平台在教育过程中的作用首先要看到,其次要支持和鼓励。但是支持和鼓励并不等同于放任自由,恰恰相反,由于微平台这一类型的新媒体具有信息的开放性、不确定性以及"90后"青少年正处于价值观形成阶段等因素,相关机构和团体要不断加强对微平台发展的监管。同时,由于微平台的特性,各种与其相关的制度建设还比较缺乏,亟须完善。因此,在利用微平台对"90后"青少年进行思想引领工作时,要进一步完善制度管理,避免负性消息的发布和传播,从正面进行积极引导,保障该项工作长效机制的建立。

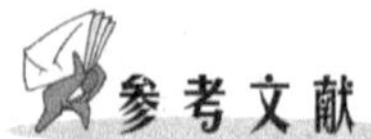

参考文献

[1] 冯支越，吕晓轩，唐诗：《关于运用新媒体开展高校基层党建带团建工作的思考》，《学校党建与思想教育(高教版)》，2012 年第 11 期。

[2] 林炜：《依托新媒体推进大学生思政教育精细化的思考》，《延边党校学报》，2012 年第 6 期。

[3] 林文豹：《新媒体时代的高校团建工作探索》，《武汉纺织大学学报》，2013 年第 1 期。

[4] 宁欣，连泽绵：《基于微平台视角下的高校辅导员工作创新研究》，《吉林教育(综合)》，2013 年第 31 期。

[5] 潘丽娜，张倩，张薇薇：《微媒体在高校辅导员工作中的应用与创新》，《经济研究导刊》，2014 年第 1 期。

利用微信平台开展团学工作的实践与探索

——以艺术设计学院团委微信平台为例

刘庆生

摘　要：自媒体时代，微信给人们的生活方式带来了潜移默化的改变。因此，如何利用好微信，发挥其在团学工作中的作用十分值得探索。文章以杭州科技职业技术学院艺术设计学院微信开展为例，提出了如何利用微信平台创新高校团学工作的新方法。

关键词：微信　团学　实践　探索

一、研究背景

目前，手机已经作为一种大众生活必需品进入人们的生活，成为人们交流生活的必备工具。而在大学校园中，手机的普及率更是高达百分之百，在纷繁复杂的手机应用中，微信受到了学生们的青睐。

微信（wechat）是腾讯公司于 2011 年 1 月 21 日推出的一个为智能终端提供即时通讯服务的免费应用程序。微信支持发送语音短信、视频、图片和文字，目前已经有超过 3 亿人使用。通过微信公众平台，个人和企业都可以打造一个微信的公众号，可以群发文字、图片、语音三个类别的内容。

微信一方面为学校共青团的工作提供了一个高效、方便、开放的教育平台，有利于共青团占领新媒体的阵地，以很低的社会成本与青年学生进行沟通和互动，可以加强团组织与青年学生的联系，进一步提高共青团工作的透明度，打造团学新媒体品牌，实现团工作网络化；但另一方面由于其交互性、多边性、开放性、隐蔽性和不可控性等特征，又给传统的思想政治工作带来了很大的挑战。各种非法组织、诈骗团伙、反社会势力等利用微信对青年进行腐蚀。因此，高校共青团尽快占领新媒体阵地，用先进的思想来武装广大团员青年的头脑，已是十分必要。

二、微信平台开展团学工作的意义

高校必须紧跟新媒体的发展趋势，加强新媒体的运用能力，占领这块青年人喜爱的阵地开展团学工作。目前，微信已经进入到大学生学习生活的方方面面，微信可实现选课、查课、图书借阅、订餐等功能，成为一种生活方式。高校团工作要充分利用好微信，提高团学组织的影响力、亲和力、感召力，提高团学工作的针对性和时效性。

（一）提高团学组织的影响力、感召力和亲和力

团学活动主要通过各级学生组织自上而下的宣传、开展，通过官网发布消息、逐级通知。这种方式具有较强的行政命令式特点，形式较为单一、生硬，导致很多活动搞得是轰轰烈烈，但团员青年参与活动积极性不高，团学组织失去了应有的亲和力。微信平台不同于官方媒介，可以用学生喜闻乐见的形式，图文并茂、生动活泼地宣传团学组织和活动，潜移默化地感化青年团员，提高团学组织的影响力、感召力和亲和力。

（二）提高团学工作的针对性和时效性

传统团学活动开展时主要通过张贴海报横幅、下发书面通知、发布网站通告等方式进行宣传、通知，这种方式具有单向性、

受众面窄、信息传递质量差等问题，学生无法了解活动本身的意义甚至完全不知晓活动，单纯文字性质通知比较枯燥，通过学校官网公布一些公告更是无人问津，大大降低了团学活动宣传的效果，很多学生不了解甚至不知道活动开展的意义，影响团学活动宣传的针对性和时效性。而利用微信平台可以第一时间把一些新鲜资讯图、文、声并茂地推送到学生手机中，令学生非常便捷地了解学院团学活动情况和相关资讯，宣传效率和效果都会大大提高。

三、我校艺术设计学院团委微信平台的运营现状

我校艺术设计学院团委于2014年5月开通了微信平台，微信号yssjxyxsh（“艺术设计学院学生会”首字母），目前，关注量为757人，约占学院团员青年总人数的70%。微信平台发布时间为每天晚上9:00—10:00，每星期定期发布微信1～3次。微信平台目前分为四个板块，分别是：

(1)【艺·视界】艺术设计学院活动新闻，包括学院新闻、学生活动新闻、社团新闻，活动前期的通知公告等。活动新闻可以参考艺术设计学院或学校官网的通信报道。

(2)【艺·人生】艺术设计类专业文章推荐、艺术类故事推荐、艺术类作品展览信息的推荐等。

(3)【艺·风采】学生活动获奖作品展示、学生课程作品展示、社团风采展示、班级风采展示、学生干部个人风采展示等。作品风采展示以图片为主，配简单文字。

(4)【艺·生活】生活小贴士、健康小提示、天气预报、轻松一刻等相关内容。

为了更好地维护微信平台运作，学院成立微信运营小组，由学院党总支总支书作为第一责任人，学院团委书记作为管理员，团委学生会干部作为信息员。同时，学院制定了《艺术设计学院微信平

台管理办法》规范微信平台的运作。

四、用微信开展团学工作的努力方向

（一）打造有学院特色、以学生为主体、亲和力强的团学阵地

学院微信平台在开设时就坚持尊重学生主体地位，以满足青年学生需求为前提，注重思想引领，服务于学生的成长、成才。微信平台完全由学生团队负责运营，学院团委给予引导，通过虚拟人物角色“小艺”，从学生的视角记录学院发展、学生学习生活中的点点滴滴，再现真实的艺术生活，拉近与大学生的距离，真正走进大学生的生活，打造一个具有亲和力的团学宣传平台，提高学生对团学组织和团学活动的认同感及对学校、学院的归属感。同时，在微信平台内容建设上，不断挖掘我院艺术特色，通过展示优美的艺术作品，艺术气息浓厚的工作室，打造一个艺术的在线展示交流平台。

（二）加强对微信平台的管理，完善平台管理制度

继续完善微信平台运营的相关制度，促进微信平台规范健康发展；充实微信运营小组力量，吸收一批文字、图文处理、技术方面比较好的学生加入小组；重视微信小组的地位，给予微信运营小组与学生会各部门同等的地位；加强对学院微信平台的推广，通过“艺点赞”活动宣传微信平台，在学院的各种宣传材料中推广学院微信平台。

（三）打造团学风采的平台和文化阵地，提升团学活动吸引力

通过微信平台展示各级团学组织、社团、学生干部风采，提升团学组织影响力和感召力。通过“每周一部”宣传团委学生会各个部门，展示各个部门的品牌活动。通过“每周一社”推广学院各个社团和工作室的风采，很好地宣传了各类团学组织和社团。接下来，运营小组将完善自助回复系统，让学院学生动动手指便可走进团委学生会，走进学生社团。同时，进一步推进对基层团支部的风

采展示,激发基层团支部活力,加强对优秀学生干部和各类先进优秀典型的宣传,发挥其模范带头作用,营造良好的团学氛围。

(四) 打造学院的学习交流平台,促成学院优良学风

打造具有特色的微艺术、微设计平台。从网络资源中甄选一批艺术价值较高的文章、作品等在微信平台推送,打造一个学生了解艺术、学习艺术的平台。通过再现艺术设计学院各专业学生学习、实训、写生等场景,展示各个专业工作室、实训室特色,促进学院内部的专业交流和学习。学院微信平台推送的《"不一样的风采课堂"建装实训课》《我们的世界,有泥巴那些年》《我们背起画板去婺源》《大城里的小房,小房里的大家》等文章受到了极大的关注,充分体现了微信平台在促进专业学习和交流方面的作用。接下来,学院团委微信将继续以此专题为契机,促进专业交流和学习,实现专业学习的再现、互动、共鸣和提升,打造优良学风。

(五) 打造学院生活服务平台,服务学生成长、成才

在原有的生活小贴士等服务信息基础上,进一步完善学生生活服务平台的建设。增设生活服务类板块,定期向学生提供天气预报、失物招领、二手交易、学校周边、课表查询等服务,还可以通过微信平台一对多陪学生聊天方式服务他们,实现人机实时智能对话,加强学院和学生的互动交流,更好地发挥共青团的服务功能。

参考文献

[1] 杨蕾,王文杰:《以微信为载体开展共青团工作的策略研究》,《北京教育(德育)》,2013 年第 7、8 期。

[2] 白浩，郝晶晶：《微信公众平台在高校教育领域中的应用研究》，《中国教育信息化》，2013 年第 4 期。
[3] 史庆忠，牛佳：《大学生思想政治教育如何应对“微信”的挑战》，《经营管理者》，2013 年第 8 期。
[4] 夷鸣蓉：《基于微信背景下的大学生思想政治教育工作探析》，《劳动保障世界（理论版）》，2013 年第 9 期。

学生教育管理

高校动态综合素质测评体系的构建与探索

陈 娜

摘 要: 分析了当前常用的大学生综合素质测评体系存在的问题与不足,探寻内容与方法相对科学合理的大学生综合素质测评体系构建策略,包括德育素质、智育素质、社会活动素质、实践创新素质和身心素质五个主要方面,提出建立动态的综合素质测评系统,以期令综合素质测评过程更加透明公正,并提高工作效率。

关键词: 大学生 综合素质 动态测评 系统

目前我国各高校都在全面推进素质教育,学生综合素质的提高要靠科学的教育思想去指导、熏陶,还要靠全面有效的评价机制去激励、引导,推动学生主动地全面发展。基于这一原因很多高校开展了学生综合素质测评工作,也都制定了学生综合素质测评办法。然而,通过分析大学生综合素质测评现状,发现现行的综合素质测评体系存在测评目的单一、测评方法不太科学等问题,综合素质测评甚至走入一种“学生排斥、老师头疼”的尴尬境地。所以,积极推进大学生素质教育,提高测评实效性,建立一个科学的动态评价体系至关重要。

一、当前综合素质测评存在的问题与不足

（一）测评目的单一

综合素质测评的主要目的是全面贯彻党的教育方针，引导学生不断拓展综合素质，激励学生德、智、体、美、劳等全面发展。从目前高校关于测评目的的表述和对当前大学生综合素质测评的实践考察可以看出，测评的主要目的是了解大学生综合素质的状况，为学校提高大学生综合素质提供参考，为甄别与评选各类荣誉称号、奖助学金提供依据，满足高校学生管理的需要。但真正实施时，学校却没有注重测评为高校和大学生培养综合素质提供依据的方面，更多地追求甄别与评选学生优劣，满足学生管理需要的方面。大学生综合素质测评应该有更深层和更多样的目的，其中最重要的目的是学生综合素质的培养，目前测评目的较为单一，不能充分发挥综合素质测评的导向性作用。

（二）测评内容欠全面

首先，大多数高校综合素质测评的内容尽管都涵盖了德育、智育、体育等方面，但是，在实际测评中仍然受传统测评理念影响，更强调对德育、智育的考察，智育素质中更重视掌握的专业知识和能力，忽视了对大学生创新能力、实践动手能力、人文素质、身心素质等的测评，导致得出的测评结果缺乏实际的效用，无法满足社会与用人单位对学生基本素质的要求。其次，测评内容缺乏个性化。高校往往采用统一的测评指标体系对待所有学生，忽视了学生因学院、年级、专业等因素不同而带来的差异性，造成各测评指标体系不够灵活，没有针对性。再者，有些测评指标过于笼统，人为解释空间大，且带有一定倾向性，更关注担任干部的同学，针对普通学生的加分项较少，导致综合素质测评无法覆盖全体学生。

（三）测评方法不够科学规范

有些学校以完全量化的形式进行综合素质测评，测评项目赋分值人为性较大，主观性太强，导致对学生素质的量化缺乏科学性。现行大学生综合素质测评的测评方法中有学生自评、同学互评、老师评价等方法，表面上看测评方法更加人性化，但主观色彩颇浓，测评者在测评中可能会掺杂个人情感因素，影响测评的客观性和公正性。而且测评时可操作性差，人工计算烦琐，测评过程不够科学规范和透明。

（四）测评结果运用欠佳

现行的评价结果没有成为调节和引导学校教育、教师教学和学生发展的风向标，而成了为测评而测评，使测评流于形式。高校综合素质测评的目的是使大学生通过参加综合素质测评了解自己的综合素质状况，有针对性地培养和提高自己的综合素质，然而实际中，本该作为测评主体的大学生处于被动地位，被动地接受学校管理者、教师、班干部和其他同学的测评，被动地被学校所设定的条条框框限制，有些有抵触情绪的同学甚至不配合，以至于测评工作有可能无法获得准确的数据，测评的可信度不高，从而对测评结果的客观性造成很大影响。

另外，较多高校在测评过程中感到工作量很大，无论是每年对学生的素质进行量化测评，还是对学生素质情况进行填写、申报、审核与确认，师生都感到工作相当繁重。

二、大学生动态综合素质测评体系的构建

大学生综合素质测评体系是实现高校素质教育目标的有效手段，其测评结果不仅体现了高校推行素质教育的成效，而且与学生的切身利益息息相关。构建动态综合素质测评体系不仅可以调动学生自我教育、自我管理、自我发展的积极性，促使学生养成良好

的学习、生活习惯，还可以培养他们树立以学习专业知识为导向、积极参与各种素质拓展活动、全面提高自身综合素质的学习观念，促进素质教育的良性发展。根据当前大学生综合素质的特征，针对现行高校综合素质测评存在的主要问题，在进行综合素质测评时，必须遵循以下原则：实践性原则、科学性原则、导向性原则、可操作性原则、公开公正原则。

（一）设置合理的动态评价结构

构建符合学校人才培养目标的综合素质测评体系，目前测评内容与测评方法匹配度较高的测评体系主要包括德育素质、智育素质、社会活动素质、实践创新素质和身心素质等方面。建立三级测评指标，如表 1 所示。每个指标在不同的年级给出不同的权重比例，例如德育素质在各年级的权重均为 20%；智育素质在低年级的权重为 40%，在高年级的权重为 35%；社会活动素质在各年级的权重均为 20%；实践创新素质在低年级的权重为 10%，在高年级的权重为 15%；身心素质为 10%。

表 1　大学生综合素质测评指标

一级指标	二级指标	三级指标（考察内容）
德育素质	思想品质	世界观、人生观、价值观等
	道德品质	责任意识、品德修养、劳动态度等
	政治品质	集体观念、政治态度等
	法纪素质	遵纪守法、校规校纪、文明宿舍、生活作风等
智育素质	专业课	专业课程学习情况
	辅修课	辅修课程学习情况
社会活动素质	能力素质	组织管理能力
	文体素质	文艺、体育特长
	人文素质	参与各类学生活动、竞赛

续表

一级指标	二级指标	三级指标(考察内容)
实践创新素质	创新能力	学术论文发表、科研成果(竞赛)获奖、科研活动参与等
	应用技能	英语、计算机过级,资格证书获取
	社会实践	参与社会实践活动、社会实践获奖等
身心素质	身体素质	健康状况、体育锻炼
	心理素质	生活适应能力、团队精神、人际关系等

(二)采用多元化测评方法

测评方法的选用关系到测评结果是否公正客观,是否能达到预期目标,因此必须采用多元的测评方法。第一,采用定性与定量相结合的测评法。对于一些无法用单一分数衡量的素质,可以采用定性测评法,用优、良、中、差进行定性评价,再辅以评语,让学生明确努力方向,充分发挥测评的导向作用。对于专业知识和技能等素质的评定就应该采用定量测评法。第二,寻求测评方式多样性。为确保测评信息来源多样化,可以通过学生申报和自评、同学互评、班干部评价、老师评价、提交实际作品等方式,多方面收集学生的表现情况,让测评有更多的参考依据,进而使得测评结果更有说服力。第三,采取静态与动态相结合的测评法。可以在学年开始时,记录学生的素质发展情况作为起点,学年结束时又一次对学生的素质发展状况进行记录,根据两次的记录情况就能够获得学生一年内素质发展和变化的状况,这样一来,学生就知道自己的努力和改进方向,如果能够做到动态测评,就会使得测评更加贴近学生的素质发展情况,测评结果更加客观、真实。

(三)测评过程规范透明

综合素质测评需要加强测评全过程的反馈,这样才能提高师生参与的积极性。一方面,在测评之初,应对所有同学加强宣传教育，使学生明确测评的目的、意义、要求、方法，作为测评主体引导学生积极参与到测评过程中。另一方面，在测评过程中，测评者应该认真对待并及时反馈测评过程出现的异议。最后，测评过后，应将测评结果及时、客观地反馈给学生本人，引导学生正确对待测评结果，并帮助他们有针对性地完善自我。管理者也需要分析总结综合素质测评中反映的问题，为下一学年有针对性地开展学生综合素质教育提供依据。

（四）建立综合素质测评系统

人工进行学生综合素质动态测评是一项极烦琐、复杂的工作，而且不容易保证测评工作的公平、公正、公开。人工测评工作的缺陷不仅影响工作效率，更重要的是影响对学生客观公正的评价，进而影响素质教育的实施。在此背景下，采用计算机软件系统开展学生综合素质测评工作有其优势。

计算机软件系统主要解决以下几个问题：第一，网上进行测评，实时反馈测评信息，并且测评过程贯穿整个学年；第二，能够根据专业、年级动态配置测评指标及其权重，从而避免测评指标笼统的问题，使测评更符合学生的成长规律；第三，能够从共享数据库中抽取智育成绩、体育成绩、考勤信息等，能够实现网上学生自评、互评及老师评价等环节，避免测评数据收集难、工作量大等问题，提高数据的准确性。

根据以上业务需求，提出计算机软件系统的主要功能需求：

1. 基础数据管理

本功能模块主要用于导入院系、专业、班级、学生信息等基础数据，如果学校有共享数据中心，那么以上基础数据可以从共享数据中心自动抽取，无需重新录入。

2. 用户管理

用户类型有管理员、教师、测评小组、学生个人等，采用分级分配权限法，给不同的用户分配不同的权限，这样可以防止非法用户对数据进行修改，保证数据信息的完整性和公平性。

3. 测评配置管理

本模块要设立测评任务，设置测评起止时间，要实现可根据专业、年级的需要对测评指标进行动态设置，并配置权重系数的功能。

4. 学生测评信息管理

学生测评信息包括德育素质成绩、智育素质成绩、社会活动成绩、实践创新成绩和身心素质成绩，各项成绩又由多项二级指标组成。测评信息可以由学生填报、测评小组录入、教师录入等方式获取，必须全面、细致、准确，其中智育成绩、体育成绩等可以直接由教务系统提供导入或抽取。

5. 综合素质测评

待学生测评信息录入完毕，在测评设置的时间内，测评小组和教师对录入信息进行审核确认，结合学校的计算方式自动对学生综合素质进行测评，生成测评结果和报表，保存于数据表中待查。

6. 测评成绩查询打印

学生及老师可以根据查询条件查询当年及历年的综合素质测评情况。

7. 奖学金的评定

根据学校奖学金的评定细则，系统自动筛选评定获得奖学金的人员，并实现奖状打印功能。

8. 信息反馈

系统中设立学生、教师对综合素质测评提交意见建议及反馈的功能。

学生综合素质测评系统的数据流如图 1 所示。

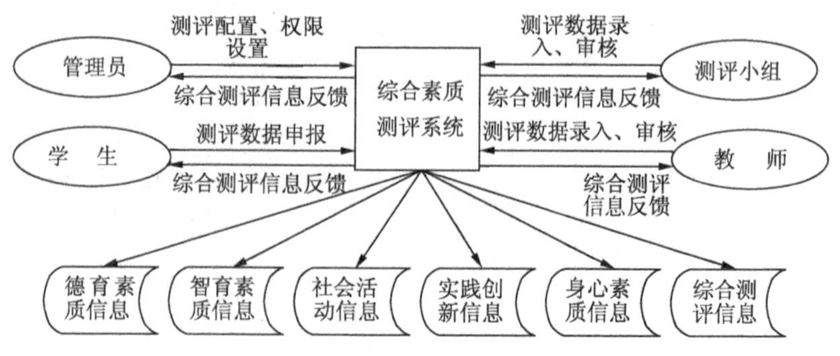

图1　学生综合素质测评系统数据流

总之，学生综合素质测评作为高校对学生的评价制度，在调动学生学习积极性、全面提高自身综合素质以及培养创新精神和实践能力等方面发挥了重要作用。我们只有不断实践和探索，完善评价体系，建立一套符合学校实际情况的学生综合素质测评办法，才能切实做好学生综合素质测评，推进素质教育，提高大学生综合素质，实现人才培养目标。

参考文献

[1] 于洋，唐瑞：《从用人单位对高校毕业生的录用标准反思大学生综合素质测评》，《理工高教研究》，2008 年第 4 期。

[2] 鲁亚军，李建，刘继强：《高校学生综合素质测评的现状、问题及思考》，《职业教育研究》，2010 年第 1 期。

[3] 张巍：《应用型本科院校学生综合素质测评的现状及对策研究》，《赤峰学院学报（自然科学版）》，2011 年第 12 期。

[4] 戴国立：《大学生综合素质测评体系构建》，《中国青年研究》，2011 年第 10 期。

[5] 王鑫:《大学生综合素质量化评价方法初探》,《企业技术开发》,2014年第6期。

[6] 赵正凯,杨烁,李欧:《基于Node.js技术的综合测评系统的设计与实现》,《电脑知识与技术》,2014年第10期。

对高职院校中外合作办学学生管理工作的思考及建议

——以杭州科技职业技术学院酒店管理专业中澳合作办学实践为例

谭梦娜

摘　要：为优化现有合作办学学生管理工作思路，在分析中外合作办学学生当前存在的主要问题的基础上，从家庭、学校、学生三个方面分析了其成因，并提出进一步完善中外合作办学学生管理工作的几点思考。

关键词：高职　中外合作办学　学生管理　思考及建议

近年来，我校积极寻求对外合作办学新途径，与澳大利亚北墨尔本技术与继续教育学院（NMIT）进行合作办学是我校办学国际化的重要一步，自2013年开始，我校会计、酒店管理两个专业已连续两年开设中澳班，目前已得到社会认可。中澳合作办学为我校引进前所未有的教学资源和先进教学理念的同时，也对合作办学中的学生管理工作提出了更高的要求。学生工作被许多学者称为“合作办学高等教育事业的生命线”，直接关系到合作办学的成败。（王梓，2013：90）

一、中外合作办学学生当前存在的主要问题

（一）自律性差，学习目标缺失

大部分中澳班的学生家庭条件优越，从小衣食无忧，在父母的宠爱呵护下长大，对于自身没有清晰的认识，对专业学习缺乏主动，对未来职业规划更是考虑甚少。对于部分学生来讲，进入大学学习只是"混文凭"，家里已然给他们铺好了未来的职业道路，或者是"子承父业"。因此，上课注意力不集中、早晚自习自由散漫的现象司空见惯，课余生活也都是以娱乐消遣为主，鲜有学生加入专业社团。不仅如此，中澳班学生请事假、病假的次数也较普通班级频繁，身体稍有不适便不参加正常的教学活动，旷课缺课现象也屡禁不止，令人担忧。

（二）自我意识较强，集体意识薄弱

中澳班有近 90% 的学生是独生子女，而自我意识太强则是现代独生子女综合征的重要表现之一。从小养尊处优、唯我独尊的生活环境令这批学生凡事以自我为中心，极少能够顾忌、考虑他人的想法，希望身边人都能顺着他们的意愿行事，比较固执，常常不能虚心接受老师和其他同学提出的意见建议，与他人缺乏有效的交流沟通。以自我为中心也导致其对班集体中其他成员关心甚少，集体荣誉感在一定程度上缺失，班级凝聚力下降。

（三）学习干部培养难

在班级学习中，中澳班学生干部很难在班级同学当中起到表率带头作用，大部分学生干部在高中阶段没有担任班委的经历，思想行为欠成熟、学习基础薄弱、专业素养不高，不能为班级建设出谋划策，也无法为老师分忧解难，增加了学生管理难度。

（四）心理健康问题

与酒店管理专业普通班学生相比，中澳班学生承担着专业知

识学习和英语语言学习的双重任务，学习强度远高于普通班。中澳班不仅主干课程由外教授课，所用教材是全英文版，而且课程考核也必须以英语答题。低年级阶段学生主要学习任务是加强英语语言学习，枯燥乏味的语言学习令不少学生产生倦怠情绪，也有不少原本英语基础就差的学生在英语课和大量英语课程资料面前产生畏难情绪，因而自暴自弃。因学业压力引发的焦虑、强迫等心理问题在这一群体中时有发生。另外，中外合作办学给中澳班学生带来的各种前所未有的机遇也令其无所适从，无论是出国留学深造还是进入外资酒店工作看起来似乎都是不错的选择。虽然进入中澳班相当于有了一块“敲门砖”，但终究还需具备扎实的英语语言能力、过硬的专业素养以及良好的个人综合素质。家长的过高期望，以及学生对自身的不合理定位也容易引发情绪上的不稳定。还有些家庭条件一般的学生，在面对课业压力的同时，还要承受高额学费带来的经济压力，为了不辜负家人的付出，他们往往刻苦勤勉，但沉重的思想包袱令他们郁郁寡欢。

二、中外合作办学学生存在问题的原因分析

（一）家庭因素

中澳班学生大多是独生子女并且家境优越，从小过着衣食无忧的生活，物质上的保障和父母过度的呵护令这一群体自我意识过强，在学校里不善于和老师同学沟通，不喜欢受课堂规矩约束，自由散漫，实际上却心理稚嫩，考虑问题不周，对自身以及社会缺乏正确的认识。还有些父母只顾给孩子提供充分的物质保障，未能经常与他们进行沟通交流，忽视了孩子精神上的成长。

（二）学校因素

今年是我校与澳大利亚北墨尔本技术与继续教育学院合作办学的第二年，对于合作办学学生的管理工作也尚在摸索完善之中，

缺乏系统的规划和科学的管理。中澳合作办学的特点和学生存在的问题对现有的学生管理工作提出了新的要求，现有的学生管理模式在促进合作办学学生身心发展、加强学风建设等方面具有一定局限性。

（三）学生个体因素

高职生在目前中国高考录取中属于第三批次，而中澳班的录取分数较同专业普通班分数更低，可见，学生高考分数大多不理想。这些学生在初高中阶段没有养成端正的学习态度和良好的学习习惯，缺乏学习主动性，学习能力较差，进入大学后，面对专业知识学习和语言学习的双重学习任务更显得力不从心，容易产生挫败感。另外，中澳班学生对于所学专业的认同感不高也是其失去学习热情的原因之一。以酒店管理（中澳）1303 班为例，全班只有四分之一的同学是以第一志愿录取的，而这一小部分同学中不乏对中澳合作存在误解或者是受高考分数所限不得已填报的现象存在，另外四分之三的学生更是为了保证有学上而服从调剂而来。学习积极性不高、被动学习已成为中澳班学生的普遍特点，影响班风、学风建设。

三、中外合作办学学生管理工作的几点思考

（一）强化传统文化教育，弘扬社会主义核心价值观

受家庭、社会等外部环境因素的影响，中外合作办学的学生在成长过程中往往以自我为中心，个性鲜明，生活自由散漫，有些甚至在人际沟通上存在障碍，同学之间盲目攀比。他们进入大学后在接受西方先进教学理念的同时，也容易受到西方拜金主义、享乐主义、个人主义潜移默化的影响。“中外合作办学的受教育者，既是中华优秀文化的传播者，也是西方价值观的被动接受者。”（王建，2008：48）“教育的核心之所在是唤醒学生的生命感、价值感，唤

醒学生的人格心灵。”（曹明海，陈秀春，2005:40）因此，在他们中间开展中国传统文化教育，弘扬社会主义核心价值观显得尤为重要。在现有高校思想政治课的基础上，学校可为学生开设一系列中国传统文化选修课，举办传统文化专题讲座，邀请省内外人文大家来校讲学，也可开展丰富多彩的传统文化主题校园活动。中国传统文化蕴含丰富的哲学思想，高校学生工作者应充分利用中国传统文化对中外合作办学学生进行道德、情感、理想教育，改善这一群体信仰缺失、情感冷淡的特点，促进其综合素质的提升和性格养成，增强学习主动性和自律性，培养其向上向善的精神品格，让社会主义核心价值观深入人心。

（二）做好中外合作办学学生的心理辅导

中外合作办学学生的心理健康教育不容忽视。专业知识学习和语言学习的双重任务令原本学习基础就比较薄弱的学生备感压力，易产生厌学情绪；部分学生过强的自我意识不利于其正常的人际交往，令这部分学生在人际交往方面频频受挫。辅导员在日常工作中对于这一特殊群体的心理健康问题应给予更多的关心和帮助。可通过举办心理健康讲座、开展团体辅导、座谈等方式给中外合作办学学生创造一个个沟通倾诉的平台，帮助学生找到各自问题所在，引导其培养健康积极的生活态度，提高抗压能力和心理承受能力。辅导员还可利用微信、微博等社交平台拉近与学生的距离，分享心理健康知识，同时也起到对其进行实时监管的目的。

（三）结合项目特点，开展丰富多彩的校园文化活动

中澳项目的学生如在高职阶段修完中方和澳方的所有课程和学分，将拿到中澳两张毕业文凭，为其日后在涉外高星级酒店工作增添了筹码，还有些学生完成高职阶段的学习后将出国攻读本科。不管是选择就业还是继续深造学业，都要求中外合作办学的学生具备良好的双语沟通基础以及跨文化交际能力。有限的课堂学习

活动无法满足中外合作办学学生发挥个性特长、锻炼语言能力、熏陶异域文化的需求。因此,学校应尽可能地结合中外合作项目特点,开展丰富多彩的校园文化活动,营造特色文化氛围,"职业风采大赛""英语主持人大赛""英语经典诗歌朗诵大赛""圣诞节派对"等活动的开展有利于激发学生的学习热情,给原本枯燥的语言学习和专业学习增添乐趣。也可组织同行业海外留学人士到校做专题讲座,向中外合作项目学生普及留学知识,答疑解惑,传授职业规划经验。一般来说,参加中外合作办学项目的学生在校期间将有机会去合作院校进行短期或长期的游学交流活动。我校分别于2014 年 6 月和 10 月接待了来自澳大利亚北墨尔本技术与继续教育学院的两个学生游学团,期间,澳方学生与我校学生开展了一系列交流互动活动。"趣味运动会""包饺子""英语角"活动的开展极大促进了中澳学生间的友谊,丰富了跨文化交际实践。其中,一对一"结对子"活动更是令合作办学学生获益匪浅。年龄相仿、专业相同的中澳学生结成互帮互助小伙伴,游学结束后大家用 QQ、微信、电子邮件等通信方式保持联络,这对中国学生提高英语,深化专业知识,开拓国际视野是大有裨益的。

四、结　语

中外合作办学中学生管理工作是合作办学的重要组成部分,作为高校学生工作管理者,应不断创新学生工作思路,摸索出一套行之有效的管理办法,使高职院校中外合作办学学生管理工作迈上一个新的台阶。

参考文献

[1] 王梓:《浅谈中外合作办学模式下的学生工作问题》,《山西高等学校社会科学学报》,2013 年第 12 期。

[2] 曹明海,陈秀春:《语文教育文化学》,山东教育出版社,2005 年。

[3] 王建:《合作办学体制中学生综合素质培养工作探析——以集美大学中外合作办学实践为例》,《集美大学学报(教育科学版)》,2008 年第 48 期。

[4] 黄妹珠:《浅析高职院校中外合作办学中的学生工作模式》,《保险职业学院学报》,2011 年第 3 期。

[5] 徐晓丹,刘朝晖,董丽娟:《试论高校传统文化教育的内涵和功能》,《中国科技信息》,2007 年第 6 期。

学生公寓社区化服务与网络化管理模式探究

——以杭州科技职业技术学院为例

秦 星

摘 要：文章以杭州科技职业技术学院为例，通过问卷调查的方式，了解学生对公寓管理、服务的意见与建议，找出现实工作中存在的不足，探寻我校公寓区教育、管理、服务形成合力的有效途径。

关键词：学生公寓 社区化服务 网络化管理

近年来，学分制在全国许多高校逐步推行。一方面，学生每人拥有一份独立的课表，他们以不同的课程为纽带，形成一个多变的听课群体。加上大学打破了"小、初、高"传统班级授课模式，受同一班级不设固定教室上课的现实影响，传统的班级固有概念被打破，个体学生的班级意识逐渐弱化，教师对以固定班级为载体的学生教育、管理、服务开始显得力不从心，不能满足现状要求。另一方面，大学期间，学生有了更多自由支配的时间，导致他们在宿舍活动的时间大为增加，学生宿舍逐渐成为学生唯一相对稳定的场所。学生群体的集中性和学生宿舍的固定化有利于教育、管理、服务功能的发挥。因此，高校学生公寓社区化教育、管理、服务模式应运而生。在社会化后的高校后勤商业管理模式下，高校后勤工作通过招投标由社会力量来承担，学校的影响力开始逐渐弱化。然而，社会力量的经营理念、管理水平、服务质量直接与其经济效益挂钩，教育因素则很少在其考虑范围内，这就造成高校后勤工作“重服务、弱管理、轻教育”的不良局面。在高校学生公寓社区化大背景下，探索出一种崭新有效的运作模式，既对学生公寓形成有效的管理，又充分发挥服务、育人的功能，使教育、管理、服务三者形成合力，让学生乐于接受、乐在其中，已成为当前高校迫切需要研究解决的课题。

一、我校实施学生公寓社区化服务与网络化管理模式的必要性分析

（一）调查对象

本次调查对象涉及杭州科技职业技术学院（高桥校区）6 个学院 14 个专业的 7 000 余名在校生，随机发放问卷 430 份，回收 417 份，有效问卷 411 份，有效回收率为 98.56%。本次调查不排除调查对象男女生比例不一致、问卷发放过于集中等问题，从而在一定程度上可能影响调查结果。本次调查对象结构、比例见表 1。

表 1 调查样本

项目	选项	人数	比例 / %
年级	大一	296	72
	大二	88	21.4
	大三	27	6.6
性别	男生	215	52.3
	女生	196	47.7

（二）调查方法

（1）问卷法。结合我校实际及高职学生特点自编调查问卷，内容涵盖课外时间利用、校园活动参与、学生事务工作满意度、宿舍管理方式等方面。

（2）访谈法。在问卷调查法基础上，采用开代表座谈会、个案访谈等形式，针对学生公寓教育、管理、服务功能发挥等相关问题，请被调查学生畅所欲言，以深入细致地了解实际情况，获得客观全面的详细资料。

（3）数理统计法。样本收集完毕后，采用 SPSS11.0 进行统计分析。

（三）数据分析

（1）大学生自我管理意识较强但能力缺乏。由表 2 可知，在“学校应采取什么方式加强学生宿舍管理”时，被调查学生选择“自我管理方式”的占到 29.0%，选择“学校制度约束”的仅占 16.1%。这充分说明学生寻求自我管理的意识较强，不希望学校和老师过多干预自己的课外生活。在回答“您是否同意目前大学生的闲暇生活基本上处于盲目状态”时，被调查学生选择比较同意以上的占到 55.9%，其中选择比较同意的是 32.1%，选择同意的是 23.8%；选择不同意的仅占 29.7%。由于长期受到“溺爱式”家庭教育以及应试教育的负面影响，学生在“小、初、高”教育阶段，基本上是在学校和家庭联合的“保姆式”管理下学习和生活的，这就使得他们由“家庭人”向“社会人”的顺利过渡存在养成教育缺乏的障碍，表现为年龄上虽已成年，但缺乏基本的生活自我管理能力，在日常生活的安排和课外时间的规划上存在盲点。

表2　自我管理方面

项目	选　　项	人数	比例/%
学校应采取什么方式加强学生宿舍管理	学校制度约束	66	16.1
	教育与管理方式相结合	118	28.7
	自我管理的方式	119	29.0
	制度约束与自我管理相结合	108	26.3
您是否同意目前大学生的闲暇生活基本上处于盲目状态	同意	98	23.8
	比较同意	132	32.1
	不同意	122	29.7
	说不清	59	14.4

（2）辅导员对学生的生活引导有待加强。由表3可知，在回答“您认为辅导员的工作在哪些方面应改善或加强”时，在众多答案选项中，被调查学生选择“生活上的引导”的占到29.2%，比例最高。随着高校逐年扩招，大学生数量不断增加，同时受到社会主义市场经济条件下文化多元性因素的影响，学生事务呈现出“人数多、层次多、需求多”的复杂局面，使得在一线工作的专职辅导员容易出现把过多精力放在学校相关职能部门有硬性考核指标、有明确内容要求和最迟时间限定的工作上，忽略了经常走进学生公寓，来到学生宿舍，在生活方面对学生进行指导。

表3　生活引导方面

项目	选　　项	人数	比例/%
您认为辅导员的工作在哪些方面应改善或加强	生活上的引导	120	29.2
	学习上的指导	96	23.4
	考勤考纪	85	20.7
	学生干部选拔与培养	85	20.7
	评奖评优与处分	43	10.5
	就业创业指导	68	16.5
	心理上的辅导	63	15.3

（3）办理公寓事务方面，相关部门权责流程亟须完善。由表4可知，在回答“您觉得办理相关的事务方便吗”时，被调查学生选择“不清楚到哪里办理”的占到43.3%，选择“不清楚找谁办理”的占到35.0%，选择“办事程序太复杂”的占到17.3%。由此可以看出，和学生公寓事务相关的各部门在工作职责划分上并不十分明确，存在着职责交叉、权责不清的现象，一方面降低了日常工作效率，另一方面也给学生处理公寓相关事务带来不便。

表4　办理事务方面

项目	选　　项	人数	比例/%
您觉得办理相关的事务方便吗	还方便	84	20.4%
	不清楚到哪办理	178	43.3%
	不清楚找谁办理	144	35.0%
	办事程序太复杂	71	17.3%
	办理时间不合理	30	7.3%
	办事人员态度差	50	12.2%
	办理结果不满意	28	6.8%

（4）文化活动方面，活动受众应引起组织者的高度关注。由表5可知，在回答“您怎样对待大学校园生活中举办的各种各样的活动”时，被调查学生选择“偶尔参加”以及“不予理会”的占到65.9%，分别为54.5%和11.4%，选择“积极参加的”则为34.1%，这在一定程度上说明大学校园举办的文化活动在吸引力方面还差强人意。在调查问卷发放完毕后的学生代表座谈会以及个案访谈中，我们了解到大学生参与学校文化活动之所以出现次数不多的现象，并不是因为其积极性不高，而是学校举办的包括征文比赛、演讲比赛、朗诵比赛、辩论赛、歌唱比赛、舞蹈比赛等诸多活动，大部分需要特定的技能，参与受众面过于狭窄，导致众多学生在面对

学校举办的文化活动时，容易出现心有余而力不足的现象。

表5　文化活动方面

项目	选项	人数	比例/%
您怎样对待大学校园生活中举办的各种各样的活动	积极参加	140	34.1
	偶尔参加	224	54.5
	不予理会	47	11.4

二、构建我校学生公寓社区化服务与网络化管理模式的有效路径

（一）完善齐全的配套设施

高校学生社区是指以学生宿舍为基本细胞，包括学生食堂、文化活动场所和宿舍区商业服务网点等在内的学生课堂学习之外生活、学习、活动的校园特定区域。它们不仅是学生休息的场所，更是课堂的延伸，是学生成长、成才、成功的园地和获取信息、交流思想、沟通感情的窗口。在学生公寓中更好地开展社区化服务，是指按照社区的管理办法，采用社区的服务模式，形成新型的服务型学生公寓社区。因此，在学生公寓社区内部拥有一套“设施齐全、功能完善、管理规范”的配套设施显得尤为必要。

（1）设施齐全。一方面，学校可以将基础设施中固有的学生文体活动场地、团队素质拓展基地等规划建设在学生公寓社区周围，使其功能可以得到充分发挥和利用。另一方面，学校可以采取“企业投标竞争＋学生自主创业”的模式，在学生公寓社区形成的商圈内部，增设一些贴近大学生生活的基础服务店铺，为大学生在公寓社区内的日常生活提供便利。

（2）功能完善。学校在“企业投标竞争＋学生自主创业”的模式下，应充分发挥宏观调控和有效指导的作用，促进学生公寓社区

商圈内部的店铺资源得以有效整合、优化利用,使得店铺经营服务项目能够充分满足大学生各种日常生活服务需求。

(3) 管理规范。为推动学生公寓社区商圈内部各家店铺有序规范经营,学校可以通过“店铺定期汇报、学生座谈反馈、领导现场抽查”的形式实施有效管理和监督,营造商圈健康和谐的经营氛围。

(二) 高效灵活的管理团队

由于学生公寓住宿人数众多、学生生活自理能力较差、自我约束意识不强,为学生公寓管理服务工作增加了难度。因此打造一支高效灵活的管理团队,培养一批素质高、能力强的管理人员尤其重要。

(1) 物业宿管员。目前,我校对学生公寓进行直接管理的人员主要是后勤物业公司从社会上临时聘用的楼长、宿管员等,他们呈现出“整体年龄偏大、文化素质较低、管理知识缺乏、业务素质较差”的现状。可以通过以下几种途径加以改善:一是采取“择优上岗”的原则,提高楼长、宿管员的应聘门槛;二是在正式上岗前,组织不少于一个月的岗前入职培训,培训内容包括学生行为习惯、学生心理特征、教育法律法规、学校纪律规定、管理方法技巧、工作业务知识等;三是日常工作之余,不定期组织参观、学习等活动,进行工作经验交流,逐步提升业务技能。

(2) 公寓辅导员。学生公寓是学生在校期间学习、生活的重要场所,是高校育人不可忽视的重要环节,是对学生进行思想政治教育的重要阵地。学校可以面向社会招聘专职公寓辅导员,将其办公地点设在学生公寓,要求其入住学生公寓,和学生同吃、同住、同生活,和学生保持亦师亦友的良好关系,及时了解和掌握学生思想动态,从生活上为学生提供帮助,从心理上对学生进行疏导,从就业上对学生进行指导;学生所在二级学院学生工作办公室至少配备一名辅导员分管学生公寓工作,与专职公寓辅导员相互配合、相互协作,共同深入到学生公寓第一线,展开思想政治教育工作;

还应根据学校实际为公寓辅导员制定相应的福利保障、激励机制和流动渠道，使这支队伍能够始终保持高昂的工作激情，以更加充沛的精神状态投入到学生公寓思想政治教育工作中去。

(3) 学生自治组织。学生是公寓园区的主体，如果仅仅依靠学校和物业的力量，还不能有效解决学生公寓所有问题，必须充分调动学生的积极性，让其参与到学生公寓的管理服务中来。首先，成立学生公寓社区管理委员会。通过“个人申请、面试选拔、试用考核”，建立一支以学生为主体的自我教育、自我管理、自我服务的队伍，在学生管理部门领导下，由公寓辅导员具体指导其开展学生公寓日常管理服务工作。学校应加大对学生自我管理的支持，给予学生充分的空间使其在学生公寓社区里健康成长；多做引导、多搭建平台、多创造条件，积极鼓励学生参与日常管理，结合生活实际，在老师的指导下，制定各类检查制度和行为准则。除此之外，重视学生对学校在学生公寓社区管理服务工作方面的意见和建议，做到“虚心接受、及时反馈、有错必改”。除此之外，要充分发挥学生党员、学生干部在学生公寓社区的带头作用，将“隐形教育”理论运用到学生公寓管理服务中来。

(三) 科学健全的管理制度

随着高校后勤社会化改革的逐步深化，高校学生公寓社区由物业管理公司来管理日益成为主流。物业管理模式就是将学生宿舍的部分管理职能从学校职能部门的管理中剥离出来，引入竞争机制，通过社会公开招标的方式，将学生公寓社区的管理转给社会上资质齐全、信誉良好、管理规范的物业公司管理，实行高度社会化的物业管理。高校后勤社会化改革后，学校后勤服务和保障得到加强，工作压力和负担得以减轻，但同时也弱化了思政工作的触角，不利于全员、全过程、全方位育人。为加强高校德育工作的实效性，必须不断创新管理制度，将学生公寓管理和思政教育有机融合,建立学生公寓管理的长效机制。

(1) 三级网络。建立由学校学生工作部门、后勤部门、保卫部门、物业公司、思政辅导员、学生组成的"楼层—楼栋—全校"三级公寓工作机构,制定相应的工作职责和工作制度,形成学生公寓三级生活化管理网络。

(2) 职责明确。学生工作部门负责学生公寓中学生的思想政治教育工作;后勤部门负责学生公寓基础设施运行管理;保卫部门负责学生公寓的安全保卫工作;物业公司负责学生公寓日常服务和事务处理;学生自治组织参与到学生公寓管理与服务中来,提出、收集学生公寓管理服务的意见和建议。

(3) 规范流程。首先,学生工作部门应牵头制定学生公寓日常事务办理流程(住退宿办理、寝室调整、电费充交、钥匙借用、违纪处理、各类查询等),将相关部门权责进一步细化,提高事务办理效率。其次,学生工作部门应牵头制定学生公寓突发事件(火灾事故、盗窃事件、重大疾病、意外伤害、打架斗殴、严重酗酒等)处置流程,提高学生公寓管理队伍突发事件的应急处置能力,确保学生公寓的安全稳定。再次,流程制定完毕后,务必要在学生中大力宣传,使学生在遇到公寓相关问题时,能够很清楚地知道到哪里、找哪个部门、找谁来解决;同时使学生在遇到突发事件时,能够第一时间知道自己该如何去自救和互救,确保自身及他人人身财产安全。

(四) 丰富多彩的文化活动

社区文化是指在一定的区域范围内,在一定的社会历史条件下,社区成员在社区社会实践中共同创造的具有本社区特色的精神财富及物质形态。发展社区文化,可以强化社区群众的主人翁意识、倡导特有的健康的民风民俗,增强社区居民的归属感,维系社区良好的人际关系,提高居民的生活质量。因此,在学生公寓社区,按照"学校层面举办+学生自主举办+学校学生联合举办"的形式，以公寓为中心，以学生为主体，以活动为载体，以育人为目标，举办丰富多彩的文化活动，加强学生公寓社区的文化氛围营造，对于打造文明公寓、和谐公寓具有重要的意义。

（1）打造活动阵地。举办丰富多彩、学生喜闻乐见的文化活动，可以加强学生公寓软实力建设，而在学生公寓内部及周围建立主题活动室、心理聊天室、党团办公室等活动阵地，则是加强软实力建设的重要前提和基础。

（2）优化活动方案。在活动方案设计上，要特别注意在学生公寓举办的活动和学校团委、二级学院举办的活动之间存在的差异。一方面，符合大众性，活动要贴近生活，尽量摒弃特长前提，让人人都能参与，在活动中提升自信；另一方面，具有新颖性，结合社会当下流行，创新传统活动形式，让人人都想参与，在活动中体验快乐；除此之外，要有育人性。设计一些团体活动，号召学生组队参加，让人人都敢参与，在活动中接受教育。

参考文献

[1] 林杰斌，刘明德：《SPSS11.0 与统计模型构建》，清华大学出版社，2004 年。

[2] 武亚珍：《高校学生社区管理模式的创新研究》，《高校后勤研究》，2009 年第 2 期。

[3] 李振跃：《高校学生社区管理模式的选择》，《高校后勤研究》，2007 年第 3 期。

[4] 马仲良，于燕：《社区文化与教育》，中国劳动社会保障出版社，2001 年。

浅谈将精细化管理实施于高职院校学生事务工作
——以杭州科技职业技术学院为例

刘 颖

摘 要：为提高学生事务工作效率，达到学生事务工作“收益最大化”，实行学生工作精细化管理。这种管理是把企业精细化管理的理念和方法引入学生工作中的一种现代管理理念和方法，是对传统粗放型、经验型学生工作模式的发展和升华。在深入研究精细化管理和分析高职院校学生事务工作的基础上，文章以杭州科技职业技术学院学生事务工作为例，探索将精细化管理实施于高职院校的方法。

关键词：精细化管理 学生事务工作 高职院校

一、精细化管理的内涵

精细化管理最早由日本企业在20世纪50年代提出来，是以“精确、细致、深入、规范”为特征的全面管理模式，最早出现在大规模工业制造行业，如汽车、家用电器等产业。[1] 企业通过精细化管理优化其生产流程、管理流程以达到减少损失、提高收益的目的。由于它特殊的魅力，被广泛应用于许多其他领域。精细化管理追求管理的规范性与创新性的结合，重点是把握各环节和关键控制点，在细节上追求差异，专注地做好每一件事，从而达到精细管理效益最大化。其本质强调的是一个持续改进，不断完善的过程，是一种执行学问，一种认真的态度。其主要内涵包括：完善制度、细化过程、明确职责、细分对象、精益求精。

学生事务工作无小事，任何一个细微的疏忽、错漏，都有可能造成不可估量的后果。将精细化管理引入学生事务管理工作，不仅是坚持以人为本，创新学生事务管理模式的有益尝试，也是提升学生事务工作的针对性、实效性，降低学生事务工作中不必要损失，营造全心全意为学生服务的工作氛围的有效途径。

二、高职院校学生事务工作

现阶段，高职院校的学生事务工作主要包括招生、就业、学籍管理、新生入学教育、宿舍管理、奖惩助贷管理、思想教育、社会保障服务、社会实践、文化服务、学习指导等多方面内容。杭州科技职业技术学院学生事务管理工作人员创新工作思路，在工作上取得不少成绩，在高职院校学生事务工作中形成以下三种模式：① 经验型工作管理模式，即凭自己的经验开展学生事务工作；② 操作性工作管理模式，即用制度、目标等控制指标进行学生事务工作；③ 以人为本工作管理模式，即视学生事务工作为一种完全服务于人的手段，以促进学生事务工作的全面发展为宗旨的管理方式。[2]

随着学生事务管理工作团队的不断壮大，学生事务工作也暴露出一些问题，如在工作内容上过于注重抽象的理论灌输，在工作方法上以粗放型、经验型管理为主，偏重于外在的形式，缺乏对服务对象的精确把握和对服务成效的细致检验。大而化之的东西多，务虚的成分多，量化落实的内容少。

三、高职院校引入和实施精细化管理的措施建议

(一)转化观念,正视精细化管理

对于企业来说,想要实现精细化管理,首先要改变管理者的观念。[3]对于高校来说,正视精细化管理是实施精细化的前提。精细化不是把某一项工作复杂化,增加工作流程。相反,实行精细化管理就是要把复杂的工作简单化,把简单的工作流程化,把流程的工作定量化,把定量的工作信息化。精细化管理强调全员参与,一方面每一位辅导员都是学生事务工作精细化管理的对象,要接受管理,按照工作的要求和职责规范自己的行为;另一方面每一位辅导员都是学生事务工作精细化管理的实施者,要立足本职岗位积极参与管理。高职院校要通过组织专门讲座和其他各种场合介绍精细化管理的理念、内涵和方法,以及实施精细化管理对学生事务工作的意义所在,积极转变全体学工线工作人员的工作理念和观念,让精细化管理的积极作用最大化。

(二)完善制度,明确流程,"刚性"执行

"不以规矩,不能成方圆",做任何工作都要遵循一定的规矩和法则,否则就无法顺利完成。因此,要不断地健全和完善各项规章制度,做到处处有规章可依,这是实现精细化管理的重要保障。高职院校应在精细化管理模式下,建立健全学生事务工作规章制度,确保各项学生事务工作均有章可循、有据可依。首先,要拥有健全的领导体制。高职院校应建立党委统一领导、党政群齐抓共管、相关职能部门相互配合的领导体制和学生工作机制,调动全校教职工参与学生事务工作的积极性。其次,健全岗位职责制,落实学生事务管理责任,保证学生管理工作者各司其职,不断提高工作质量和效率。再次,健全激励机制。对学生事务工作者的工作情况进行定量和定性评估,根据评估结果落实相应奖惩措施,从而促使学

生事务工作者全身心地投入到学生事务精细化管理中来，不断提高自身的管理能力和水平。

精细化管理要求细化分解每一个目标、决策、任务、计划、指令，使每一件事情最终都能落实到每一个具体的人身上。实施精细化管理，要求在制度明确的基础上拥有清晰的工作流程。根据学生事务中的不同工作特点进行系统分解和整合，剔除不必要的岗位设计。厘清学生事务工作中各流程之间的衔接关系以及部门内各工作岗位之间的配合，做到每一个环节有据可依，有人可做，有目标可考核。使广大师生员工通过制度手册和校园网站上的指南，能迅速、高效地解决遇到的问题，只有这样才能确保人责一致，提高落实和执行计划的能力，提高学生事务工作效率，避免不必要的错误。

在完善制度和流程的同时，精细化管理强调制度和流程的“刚性”，即制度无“弹性”。制度的“刚性”，关键在于有没有认真贯彻落实学生事务工作的制度和流程。为了强化精细化管理的制度刚性，有必要研究并制定责任追究制度。不管是管理者还是普通工作人员，完不成工作目标或失误失职，就按“责任追究机制”追究直接责任和间接责任。

（三）整合资源，精益求精

整合资源在于创新学生事务精细化管理的手段。随着科学技术的快速发展，高职院校应当充分利用先进的网络信息技术，在QQ、微博、微信、论坛等平台建立学生事务工作信息交流平台，创新学生事务工作精细化管理手段，达到学生事务工作高效、准确、即时传播的目的。建立学生事务工作管理系统，简化工作流程，明确工作环节及时间节点，定期了解学生对事务工作的反馈，不断完善现行的学生事务精细化管理模式。

精益求精的内在要求完全符合学生事务管理的需求，表现为追求更好、更优的管理效果。当今社会获取信息的渠道是多样化的,来自不同地方、难以防范的信息都会对思想、生活产生较大的影响,这就要求现在的学生事务管理工作者在思想上要摒弃保守思想,大胆创新,对目前的管理工作方法进行合理改进,努力提高管理工作的成效。同时,管理上要求更加细致、具体。在精细化管理中通常强调“细节决定成败”,追求管理的精细、量化与细化,必须从细微上下足功夫。在学生事务管理中,也要求对学生的各种事务管理要细:要细心观察,准确把握学生的思想变化动态;要真诚待人,耐心宽容地做好学生的思想工作;诚心诚意办事,要从学生需要的服务出发,解决学生的实际问题;要真诚求教,提高管理工作者的自我服务意识与能力。精细化管理模式在学生事务工作中要求工作人员着眼大局,着手处理细节,时刻关注学生,细化分解学生事务的管理服务工作,找准关键点,克服困难,引导学生自我教育、自我服务与自我管理。

四、杭州科技职业技术学院学生事务工作实施精细化管理的思考

杭州科技职业技术学院是杭州市人民政府主办的高职类院校,下设7个学院,拥有学生近9 000人,专职辅导员40人。现阶段,在所有学生事务工作负责人员的努力下,杭州科技职业技术学院学生事务各项工作已经形成一套固定的模式,学生事务工作均能顺利且按时、保质、保量地完成。但是在学生事务工作的过程中普遍存在一种“催”的现象。催材料、催确认、催反馈等让学生事务工作人员应接不暇,有些工作人员为了应付“催”匆匆上交材料或直接让学生代替操作致使材料出现失误,不得不返工重做,拖慢工作进程。这一现象的发生需要从多方面找寻原因:第一,学生事务工作者通常需要兼顾学生思政工作和学生事务工作两方面的事,

工作量大且繁杂，积累的工作完成后已经变成了待"催"的材料。学生事务工作者大多为新进的员工，无工作经验，属于摸着石头过河，这也是导致工作拖延的主要原因之一。第二，学生事务工作的流程属于"承接式"学习模式，即向曾经从事过某一工作的同事请教流程，自己照搬的模式。这一现象直接导致学生事务工作形成"以经验为主，制度为辅"的工作模式。这种工作模式虽然可以让工作人员减轻工作量，但是却造成制度成了摆设的尴尬，在事务工作的实际操作中往往存在经验、习惯与制度冲突的情况。第三，事务工作人员之间信息互通不便利。一件工作往往涉及学生各方面的情况，例如评奖评优涉及学生德、智、体、美、劳各方面的情况，需要负责学生综合素质测评、寝室、处分、社团等各方面老师的配合，有一方面的数据没有及时反馈都将导致工作的拖延。

因此，笔者大胆假设，将企业管理理论里的精细化管理理论应用在学生事务管理中，改善学生事务工作现状，高效、准确地完成学生事务工作，主要可以从以下三方面着手：

(1) 宣传精细化管理理念，摒除学生事务工作人员工作越精工作量越大的错误理念，每一位学工人员都是精细化管理的实施者和制定者，从自己的实际工作出发创新工作方法。

(2) 强调制度和流程的"刚性"执行，即制定完善的工作流程，严格按照流程执行。制定奖惩分明、周密细致、切实可行的精细化管理制度，做到学生事务管理制度精细化。从而将学生事务工作规范化、正规化，确立流程中每一个环节的时间节点，从根本上杜绝返工、拖沓的现象发生。

(3) 资源整合，搭建学生事务工作平台，定期共享学生事务工作需要的基本信息，为学生事务工作人员提供快捷的信息获取渠道，避免重复工作。如在医保工作中需要贫困学生信息，在具体操作中，往往负责贫困生和医保的是不同的工作人员，材料不能完成极有可能是由于负责贫困生的辅导员暂时请假或工作没有完成。因此,资源共享在提高学生事务工作效率和准确率上具有非常重要的作用。

高等教育“准公共产品”的属性决定了高职院校在引入和实施精细化管理的过程中,不能完全照搬和移植企业精细化管理的内容与方法,而应根据高职学校学生事务服务对象和功能目标的特点,建立一套与自身特点和发展相适应的精细化管理方法体系。在现代高职院校复杂多元的环境下,如何科学合理地运用精细化管理的精髓,做到精益求精,切实有效地做好学生事务工作,仍需要学生管理队伍不断地探索与实践。

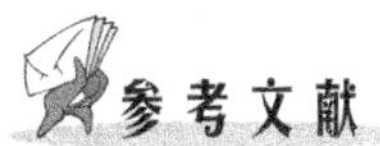

参考文献

[1] 陈飞:《精细化管理对高校辅导员工作的启示》,《蒙古农业大学学报(社会科学版)》,2010 年 5 期。

[2] 俞明祥:《浅谈高校学生事务管理的创新理念》,《高等教育》,2012 年第 10 期。

[3] 谭群英,王琳:《浅谈高校学生工作精细化管理》,《华中师范大学学报(人文社会科学版)》,2014 年第 2 期。

浅析适合大学生创新能力发展的学习环境构建对策

王　敬

摘　要：针对国内关于创新能力的研究大多从教育内容、教育方式方法的改革进行探讨，而忽视环境这一重要影响因素，文章从学习环境的视角探讨大学生创新能力的发展，分析创新能力的内涵、构成要素以及影响大学生创新能力发展的学习环境因素，并在此基础上从学习环境的校园资源、文化氛围、人际关系、学业管理制度四个层面着手，提出构建适合大学生创新能力发展的学习环境对策。

关键词：大学生　创新能力　学习环境　对策

一、创新能力的内涵及其构成要素

关于创新能力的内涵，虽然不同学者各自有不同观点，但普遍认同的观点是创新能力是一种综合素质。代表观点主要有：创新能力是人们根据一定的目的，运用已有的知识，通过思维活动产生新认识和创造新事物的能力；创新能力是每个人与生俱来的能力等。在综合已有研究观点的基础上，本文认为创新能力是指人们根据一定的目的，运用已有的知识和经验，发现问题、提出问题并创造性地解决问题的能力。

关于创新能力的构成要素，心理学家最初从人格的角度来研究，认为创新能力是特殊人格的一种外在表现。随着研究的深入，人们开始关注创新能力的思维特点，后来在实践中人们又形成创新能力由创新思维和创新人格共同构成的观点。到20世纪80年代后期，斯腾伯格提出创新能力是创新思维、创新人格、知识技能共同作用的结果。本文在参考已有研究的基础上，从心理学角度出发，认为创新能力的构成要素主要包括：强烈的创新意识、敏锐的观察力、丰富的想象力、顽强的意志力、利用创新思维解决问题的习惯等内容。

二、影响大学生创新能力发展的学习环境分析

（一）校园资源环境是大学生创新能力发展的基础条件

校园资源环境是大学生创新能力发展的基础条件，它对大学生创新能力发展的影响具体表现在以下三方面：首先，强化大学生的创新意识。校园资源主要包括实验室条件、图书馆藏书、创新基地、学生活动中心等，是大学生创新能力发展的物质支撑条件。著名心理学家托兰斯曾说过："我们想促进创造力，就需要提供一个友善和奖赏的环境，以便使之在其中繁荣发展。"其次，训练大学生的创新思维。通过参与实践活动可以发现新的问题，而运用多层面的知识去认识和解决问题，一定程度上能够活跃大学生的创新思维。再者，创新活动与困难是密切联系的，在创新活动遇到困难和挫折时，需要大学生具备顽强的意志力去面对和解决，这在一定程度上可以磨炼大学生的创新意志。

（二）校园文化氛围是大学生创新能力发展的重要载体

校园文化氛围是增强创新意识、影响创新行为的重要载体。为了更好地发挥校园文化氛围在大学生创新能力培养中的重要作

用，世界各著名大学均强调文化氛围的重要性，营造积极向上的校园文化氛围。文化氛围对创新能力的影响主要体现在以下三方面：一是教育理念会影响大学生的创新意识。先进的教育理念尊重并支持大学生个性的发展，有利于大学生创新意识和创新思维的培养。二是课堂教学和课外实践等智能型文化会影响大学生创新思维的锻炼。大学生创新能力的发展离不开实践活动，实践活动是人们创新潜能由潜在可能性变为现实性的决定因素。三是大学精神对大学生创新能力的发展具有潜移默化的影响。它是一所高校成为创新型人才培养摇篮的重要条件。

（三）校园人际关系是大学生创新能力发展的情感基础

校园人际关系是影响大学生创新能力发展的重要因素，主要包括师生关系和同学关系两方面的内容。校园人际关系对大学生创新能力的影响主要表现在如下方面：一是和谐融洽的人际关系能让人产生安全感和归属感，形成积极的情感体验。校园人际关系作为影响创新情感的重要因素，直接影响着创新活动能否顺利开展。二是人际交往可以激发大学生的创新潜能。在与同学和老师的交往过程中，大学生可以获得更多的信息和资源，不断扩充知识面，使自身的知识结构不断优化，易于通过思想的碰撞产生创新灵感，形成良好的创新氛围，易于促使大学生投身于创新活动中去。

（四）学业管理制度是大学生创新能力发展的制度保障

学业管理制度是影响大学生创新能力发展的一个重要保障，主要包括学籍管理制度、学业评价激励制度等内容，它们是引导和培养大学生创新能力的重要手段。其中，学业评价激励制度对于大学生创新能力的发展具有引导和强化作用。鼓励创新的多元的学业评价考虑到大学生之间存在的个体差异，能有效引导人们更多地重视自己个性的发展和兴趣的培养，关注自己有兴趣的创新活动,不断增强创新意识,产生创新欲望,为创新活动的开展提供基础。适当的鼓励制度对于大学生创新能力的发展具有激励作用。有研究发现:在受到合理刺激的情况下,一个人能力发挥的程度是其未受到刺激的情况下的三四倍。

三、构建适合大学生创新能力发展的学习环境的对策

(一)优化有利于大学生创新能力发展的校园资源环境

(1)加强教学实验设备的资源投入

教学实验设备是开展创新教育和创新活动所必备的基础条件。但是,目前高校的教学实验设备的建设还不够完善,导致大学生实践动手能力培养环节相对薄弱,而创新能力的培养与实践动手能力有着密切的关系,所以,教学实验设备的良好与否一定程度上制约着大学生创新能力的发展。因此,学校应着力于加强教学实验设备和教学资源的建设与完善,让大学生有更多的机会去参与创新实践活动。

(2)拓展快捷便利的网络化教学平台

信息时代,信息的共享化程度越来越高,大学教学也应充分利用网络的快捷性和便利性,建设网络化教学平台以提高教学质量服务。当前很多著名高校均创办了网络公开课堂等,典型的有哈佛课堂,它一定程度上使教学资源实现了高度的共享化,让世界各地的大学生都可以通过网络和视频等进行学习,增强了大学生选择的自主性和多样性,使教育资源的利用价值实现了最大化。因此,高校应不断建设和优化网络教育平台,进一步实现教育资源的共享。

(3)建设"以学生为本"的学习活动中心

大学生创新能力的发展需要一个开放、多样、宽容和"自由"的环境。学习活动中心是大学生自主学习的场所,建设"以学生为

本”的学习活动中心，大学生通过申请可以自由进入，可以选择自己喜欢的学习方式，可以学习自己想要学习的科目和资料，而且在学习活动中心，需要设立便于学生讨论的独立空间，为学生开展讨论、交流提供平台。因此，高校应加强学生活动中心的建设，满足各类科技创新活动的需求，让大学生通过参与各类创新活动将理论知识付诸实践，培养大学生的探索精神，推动大学生创新能力的发展。

（二）创设有利于大学生创新能力发展的校园文化氛围

1. 真正树立“以学生为中心”的教育理念

随着高等教育大众化时代的到来，高等教育应转变传统的教育理念，树立以学生为中心的教育理念，充分体现大学生的主体性和能动性，注重大学生的全面发展和个性化发展，培养新时代需要的创新型人才。可以采取的方法：一是构建对话课堂，鼓励大学生进行学术交锋和知识探索，增强学生的思辨能力和表达能力；二是鼓励朋辈辅导，同龄学生有亲和力和感染力，朋辈辅导有利于创建轻松和谐的学习氛围，使学生乐于学习，提高学生的学习热情和学习自主性，从而突出以学生为中心的理念。

2. 拓展基于学生创新的第二课堂活动

第二课堂是高校营造创新氛围的重要载体，是培养大学生综合素质的重要途径。高校应不断丰富第二课堂活动以满足大学生的创新需求，可采取的措施有：① 建立各级大学生课外科技文化活动工作小组。对课外科技文化活动、大学生社团和社会实践活动进行规划和指导，并在经费和活动场地方面提供有力保障。② 建设多样化的专业社团。专业社团与专业学习紧密结合，以培养大学生的实践创新能力为目标，注重挖掘学生潜在的创新能力，因此，应加强专业社团的建设。③ 注重开展分层次、分类型的创新活动，通过参与多层次、多类型的创新活动全面促进大学生创新能力的发展。

3. 营造开放、多样、自由的创新氛围

浓郁的创新氛围是促进大学生创新能力发展的重要条件。大学精神是大学在自身存在和发展中形成的具有独特气质的精神形式的文明成果，对于一所大学能否完成承担的创新型人才培养的使命具有重要的决定性作用。因此，大学应不断弘扬大学精神，倡导学术自由，营造宽容环境，营造创新氛围，弘扬创新精神能够给大学生提供一个鼓励创新活动开展的氛围。

（三）营造有利于大学生创新能力发展的校园人际关系

1. 借助多样化科技实践活动，丰富学生创新交流平台

互相交流与学习可以碰撞出思想的火花，拓宽大学生交往渠道，促进大学生创新能力的发展。拓宽大学生交往渠道的形式多种多样：① 丰富大学生学术科技活动。参与各类课外学术科技活动是大学生创新能力发展的重要途径。因此，高校应举办形式多样、内容丰富、覆盖面广的实践活动，让更多的大学生可以有机会参与创新活动。② 丰富大学生社团活动。包括学术文艺类社团活动，如话剧演出、情景话剧、文艺创作大赛等；社科类社团活动，如学术沙龙、学术讲座等。通过参与社团活动，大学生的自主意识和自主价值可以得到充分的发挥和实现。

2. 构建师生互动平台，在制度上保障师生交流

高校师生之间的知识性、情感性的交流日益减少，已成为制约高校发展的一个重要障碍。因此，高校应努力构建师生互动平台，以加强教师与大学生之间的互动和交流。采取的做法有：① 实现师生交流活动制度化。不定期或者定期举办师生交流活动，增进教师与大学生之间的交流和了解，有利于教师发现大学生身上的创新潜能和闪光点。② 加强课堂上的师生互动。应转变传统的教学方法，运用多元化的教学手段，采用情景式教学、讨论式教学等

方式,提高大学生在课堂教学过程中的参与度,活跃课堂氛围,增强大学生的学习热情,提高教学效果。

(四) 建设有利于大学生创新能力发展的学业管理制度

1. 增加学籍管理制度的灵活度

学籍管理制度包括学分管理制度和转专业制度等内容。构建灵活的学籍管理制度以促进大学生创新能力的发展,高校可以采取的方法有:① 完善大学生学分管理制度。学分制管理方式下,大学生获得更多自由去选择喜欢的领域与课程。然而,目前高校普遍存在选择范围较小,课程评定标准划一等问题。因此,高校应不断扩大可选课程的范围,并根据课程难易程度制定评判标准。② 灵活转专业制度。当前,在一些高校中已实施转专业制度,但均设置了较高的门槛,能成功转专业的同学非常少。因此,高校应适当放宽转专业条件,允许学生根据自身情况进行具体安排,尽量让大学生能够学习自己感兴趣的专业,充分发挥自身的创新潜能。

2. 建设多元的激励创新评价制度

加德纳的多元智力理论认为,每个人都有不同的智能组合,而评价的目的在于发现优势智能,同时带动其他智能的发展。因此,高校需制定多元化的评价激励制度,以充分发挥大学生的优势潜能。主要内容包括:① 评价目标的多维性,对大学生的综合素质进行考核;② 评价内容的灵活性,在注重考查基础知识的同时,还应注意大学生参与创新活动等环节的考查;③ 激励方式的多样性,作为一种重要的管理手段,适当的激励可以强化大学生的创新意识和创新欲望,从而影响大学生进一步的创新活动。

3. 提供丰富多样的创新活动基金

大学生各类创新活动的开展离不开创新基金的支持。形成丰富多彩的创新活动基金,保证创新活动的开展有充足的经费支持是非常必要的。具体措施有:① 加大创新基地的建设投入。建设创新基地是大学生创新能力发展的重要渠道,因此,必须重视创新基地的建设。② 建设创新型师资队伍的投入。创新教育的开展离不开具备创新素质的师资队伍,因此,应不断加大资金投入建设一支强大的创新型师资队伍。③ 设立社团发展专项基金,学校根据社团发展的方向,设立专项基金,为各类创新活动的顺利开展提供经费保障。这有利于保障大学生创新活动的顺利开展。

参考文献

[1] 唐裕莲:《浅谈学生创新能力的培养》,《教育探索》,2001 年第 1 期。

[2] 陈若松:《论创新能力的整合培养》,华中师范大学硕士论文,2003 年。

[3] 孙雅红:《创造"动"的机会给学生》,《中国校外教育》,2010 年第 2 期。

[4] 田友谊:《创造教育环境研究》,华中师范大学硕士论文,2007 年。

新时期高职生行为特点及管理对策研究

汪　利

摘　要：文章从学生的政治敏感度、心理承受能力和生活学习习惯等特点入手，有针对性地提出加强思想政治教育、发挥社团作用、注重宿舍文化建设等建设性意见，以期提升高职生自我管理和自我教育能力，促进他们良好行为习惯的养成。

关键词：高职生　行为特点　管理对策

目前高职院校的高考录取分数线要比本科院校低几十分，所以他们的文化基础不好，存在两种情况，一种是高中时主观上不愿意学习，学习积极性不足导致的低分，另一种情况是一些学生学习方法或者其他方面的问题导致高考不理想。不是所有的高职生行为习惯都不好，而是有一部分学生，特别是主观上不愿意学习，进校时对学习就没兴趣的那部分学生行为习惯相对本科生有一定的差距，需要对其加以正确的引导。

一、学生行为特点

（一）政治敏锐性不高、参与性不够、参与面不广

这点在本科院校和高职院校之间可以看出明显的差距，本科

学生对政治比较敏感,立场坚定,可引导性也比较强。但是高职生虽说政治立场也坚定,但他们政治参与热情低,把自己定位在低本科一等的位置,认为自己的生活离政治比较远,对党团活动热情低,不愿意参加。入党积极性也不如本科学生高,没有入党动机,不知道入党意义何在,不知道入党对他们来说意味着什么,对他们以后有什么影响,不知道党员是一个标杆。甚至不关心国家大事,也不看新闻,有时候问道最近发生的新闻事件,他们也浑然不知。

（二）心理承受能力不强,自我管理水平不足

由于高职院校学生学习基础相对薄弱,两年半的学校学习时间里他们要掌握很多门技术才有就业的资本,因此在这过程中会出现各种困难,加之很多“90后”独生子女有依赖性,靠自身去解决问题的能力不足,导致学生在短时间内无法适应,枯燥的理论和深奥的实践教学往往打击了学生的学习积极性和学习兴趣,心理上会发生相应的变化,出现焦虑、甚至失眠的现象。学生自我管理、自我调节能力不足和他们的成长环境有关系,比如受家庭溺爱,父母对子女缺乏思想政治方面的教育和自我管理能力的培养,离开了父母,有些学生在自我管理方面就表现出了“零基础”。不能很好地控制自己的情绪,人际关系处理往往也比较糟糕。

（三）缺乏良好的生活及学习习惯

在一个社会公德问卷调查中,有67%的同学认为身边的同学有随地吐痰的行为,有57%的同学认为周围的同学有乱扔垃圾的行为,有59%的同学认为身边的同学有说脏话,说话不注意分寸的行为,甚至有一部分同学大小便后还有不冲厕所的行为。

同样,在对老师的一份调查当中也显示路上经常与老师主动打招呼的学生仅占17%,批评教育学生的时候顶嘴不服气的学生占43%。从数据中可以看出,大多数学生不习惯主动和老师打招呼,一部分是因为胆小,一部分是因为没养成与老师主动打招呼的

习惯。这说明了高职生缺少社会公德意识和文明礼貌的意识。

大部分的高职生在入校时都有好好学习，掌握好技术，努力改变命运的想法，但是他们没有端正自己的学习态度，不深入学习，也没有扎实掌握技术的决心，一遇到困难就退缩放弃，加之一些学校的客观因素如师资条件、教学条件磨灭了学生的信心，使得一部分学生厌学、不自觉、不自律。

（四）过分追求物质利益，攀比心较重，不够踏实

不少高职学生家里条件比较好，学生间的攀比现象比较严重。他们对金钱、对社会的认知又比较浅薄，造成他们不把重心放在提高自身素质，努力学习上，反而关心穿着打扮。追求物质享受已经成为相当一部分高职生的追求目标。他们学习不够踏实，流于表面，不努力掌握技术知识。这同时也影响了他们对学习的要求和自身的未来发展。很多学生对自己的职业生涯规划和未来的目标不明确，这不仅影响他们自身的发展，也不符合教育的终身性和可持续性要求。

二、管理对策研究

（一）加强思想政治教育

高职院校的首要目标就是致力于培养高层次的专业技术人才，以满足产业发展和社会发展的需求。因此，高职毕业生的素质决定着产业发展的素质。一直以来我们都很强调毕业生的实际操作能力和技术掌握情况，事实上，也应该重视高等职业院校学生的思想政治教育工作。

中共中央国务院在《关于进一步加强和改进大学生思想教育的意见》中指出：加强和改进新时期大学生思想政治教育工作的指导思想就是“以人为本”。每个学校都要求把学生放在首位，都在坚持“以人为本”的教育理念。这就要求在实际的工作中，不仅要

全面抓好辅导员队伍，也要在其他方面做到以学生为本，关心他们的感情、学习和思想动态，尊重学生个性发展，做好引导工作。在“形式与政策”“大学生思想道德修养和大学生心理健康教育”课程当中，要把以学生为本的思想贯穿始终。师资队伍也需要接受这方面的培训，在教育模式和课堂教学方法中创新，不是简单地把道理灌输给学生，而是要把这些课程与学生日常管理、学生良好行为习惯的培养及学生思想政治教育紧密结合起来，帮助学生成长，与学生共同成长。

（二）充分发挥学生社团、学生会等学生自我管理部门的作用，增强学生自我管理水平

在大学生中开展“三自教育”是素质教育的重要组成部分。“三自”教育管理工作的核心是突出受教育者的主观能动性，打破班主任辅导员大包大揽的工作方式，让学生在学生会和各社团充分发挥主观能动性，让他们品尝失败和成功，正确认知自我，评价自我，从而达到实现自我教育、自我管理的目的。

同时，老师和学生管理部门也要注意，要帮助学生健全社团和学生会的工作机制，把握大方向。也要采取灵活的教育管理体制，注重激发和调动大学生自主创新能力。为学生提供展示自我、素质拓展的平台，充分展现他们的风采。

（三）注重学生生活区管理和宿舍文化的建设

学生大部分的大学时光是在生活区度过的，生活区的餐饮提供便利度、食堂饭菜的质量和服务、宿舍环境和管理制度都是至关重要的。要完善各种规章制度，使得宿舍管理规范化，在宿舍区同样也需要一支高素质的自我管理的队伍。这支队伍应以学生为主体，调动学生的积极性和主动性。创建文明宿舍的活动不要流于形式，要真正树立良好的宿舍文化形象，提高高职学生卫生意识和自律意识，构建和谐的校园环境。

（四）以职业生涯规划课为契机，帮助学生树立职业目标，共同规划职业生涯

现在很多高职院校都开展了职业生涯规划课程，要利用此课程，帮助学生认清就业形势，了解自我，认知工作世界，做好每个学生的职业生涯规划。这个课程不仅能让学生对自己的未来发展有个清晰的规划，也可以帮助学生提升学习兴趣，改变不良学习习惯。

参考文献

[1] 付文科：《探析高职院校思想政治理论课教学的几个问题》，《中国校外教育(理论)》，2008 年第 3 期。
[2] 宋庆辉，高永会，韩霞：《高职院校大学生德育工作刍议》，《山东省青年管理干部学院学报》，2008 年第 1 期。
[3] 廖文碧：《浅谈高职教育中如何培养学生良好学习动机》，《时代教育(教育教学版)》，2011 年第 7 期。
[4] 刘莹：《高职院校学生管理工作》，《农家科技旬刊》，2011 年第 3 期。

"90后"高职大学生的思想特征与管理对策

孟庆东

摘　要：文章着重分析了"90后"高职院校学生的思想和行为特征，并从社会、高校及大学生自身等方面分析了其形成的深刻原因，据此提出加强"90后"高职大学生教育管理实效性的具体对策：解放思想、因材施教、建章立制、强化队伍建设等。

关键词：90后　大学生　管理

每一代青春都有自己的唯一性，"90后"一代因社会政治经济的影响，其思想价值体系与行为逻辑方式具有自己的特殊性。学校作为管理者只有不断更新管理模式与方法才能适应现今学生的特点。抓住"90后"学生内心特点才有可能与之对话，理解"90后"学生心态才能建构好适合学生发展的校园生态。对于"90后"一代，严防死守与刻板对峙越来越难以取得管理成效，只有走进他们，读懂他们，甚至在某些方面成为他们，管理者才不会落伍，获得学生的爱戴。"90后"一代的思想因受物质主义与电子化浪潮的侵袭，呈现自我时间碎片化、自主管理松散化、个体思想自由化、物质享受浪漫化、渴望成功快餐化等特点。

一、澎湃着的肥皂泡，无限延长的青春期——“90后”高职大学生的思想新特点

肥皂泡光彩夺目而又容易消逝，“90后”一代既情怀激荡又容易缺乏长劲，其思想七彩纷呈又往往陷入现实的泥淖不能自拔，既希图成功，渴望建功立业，又往往难以摆脱自身的惰性；既向往成为时代英雄、行业精英，又在实际生活中自觉不自觉地延长着心理上的青春期。

（一）思想内容的复杂丰富与思考层次的贫瘠肤浅

“90后”是网络化的一代，其语言风格、思想观念、行为方式深受网络影响，这造成一方面“90后”思想特别活跃，不受传统习惯势力束缚，敢于突破既定社会规范；另一方面，由于网络自身的缺陷与不足，“90后”一代也有着鲜明的短板。他们思想活泛却难以深入，热衷浅层次的知识摄取而对深层次的讯息与思考望而却步。“90后”一代在虚拟世界中可以获得快乐与幸福，而在具体的客观的实际生活中容易将事情简单化、网络化，很容易出现内心空虚和无助。高职院校的学生较之本科院校的学生更容易迷失于网络，止步于现实，更容易陷入自卑的泥淖，有的因年龄关系自我控制力较差，存在着依赖网络的现象，不愿与老师、同学相处交流，在班级中成了“隐形人”。

（二）思想反叛不羁与个性的错综迷失

这是一个思想多元的年代，随着网络技术的膨胀式发展与社会宽容度的不断提高，我们这一时代的思想特别复杂，特别无常，特别生动有趣、百花齐放。思想的多元化是社会活力的体现，“90后”身上尤其体现了这一点，他们敢于反抗，勇于质疑，对社会、对历史、对传统都有着独到的理解与接受方式，他们面对问题时的选择方式愈加具有个体性、独立性，不再依附于老师和家长的灌输，

而学会了用自己的头脑去判定生活进而做出选择。个性是这一代人的标签,而个性也是这一代人需要克服的困难。个性极其容易产生个人主义,个性带来的以自我为中心的思想观念在实际中常常导致剑走偏锋,割伤青年人自己的心灵。很多“90 后”缺少包容,只知道批评,不知道建设,不能用纵向的眼界关照历史与现实,总觉得西方的月亮也比中国圆,对学校、家庭总是看到不足、缺陷,看不到自己成长的大环境的安定与和谐,看不到现今社会环境的来之不易,总喜欢夸大某些小事件,不能从自己身上找问题,一味地抱怨客观的不足。而在高职院校中,学生的思想更加庞杂纷乱,由于学生家庭类型相对较多,来自单亲家庭、离异家庭的学生占有一定比例,这些学生对家庭的概念比较淡漠,往往产生社会、家庭对自己是不公平的想法,内心世界从童年开始变“老”。

(三) 功利主义盛行与金钱至上的侵袭

市场经济的观念已经深入人心,而由此带来的某些思潮也沉渣泛起,容易造成青年人产生无利不起早的功利思想。没有好处的事情不做,没有荣誉的事情不做,别人看不见的事情不做,付出多收入少的事情不做——学生们在竞选学生干部、加入学生会甚至入党的时候,都带有较强的功利色彩,以今后能找到好工作为标准,而且很多学生在自我阐述时直白地表达了参加活动的目的,而且认为这样做很正常。

(四) 波峰波谷型情绪与脆弱的情感特征

过去在分析一个人的性格时,常用内向与外向两分法,对“90后”而言,这一区分方式不甚适用。“90 后”是情绪情感十分丰沛的群体,喜怒形于色,说话直白,爱憎分明,喜欢了解人,渴望沟通,但是内心常常感到孤独和脆弱,这样一个群体的成长需要学校与社会的重视与呵护,发挥他们的长处,利用好他们的优势,引导好他们的思想。

二、高职学生管理的方法

面对新形势新问题，学校管理者及相关教师必须正确认识问题所在，从高职高专学生的特点入手，制定符合实际的工作方案。

（一）解放思想，更新观念，建立“以学生为本”的科学管理机制

改变传统学生管理者高高在上的姿态，从以教师为中心的工作模式转变为以学生为中心的工作模式，充分肯定学生的优点，给予学生相对自由的空间，发挥其自主性和创造性。以往的学生管理主要是命令式的，学生管理者具有绝对的权威，而现阶段“90后”大学生具有强烈的参与意识，喜欢竞争且个性独立，他们希望被尊重，不喜欢被强迫接受某种观点和理论。根据这些特点应该提倡学生的自我管理、自我教育，学生管理者应担当指导者的角色，引导学生学习和工作的方向，并且在过程中给予提示和警告。

（二）真正做到“因材施教”，重视学生个体在思想上的差异

针对学生家庭、受教育水平不同的多层次、多类型的特点，选择相适应的教育方式和教育方法。尊重学生的个体差异性，少采用以道德宣讲、理论灌输为主的教育方法，对思想上存在偏差的学生应积极地了解并以朋友的角色沟通交流，建立相互的信任，让学生愿意接受劝慰和指导。

（三）规范管理，完善规章制度

从学校的实际、学生的实际出发，把学生管理的内容和要求体现在管理的各项制度中，使学生在日常的学习和生活中受到潜移默化的教育。同时根据不断变化的新形势，及时调整和完善相应的管理制度，做到与时俱进。在具体的管理工作中认真执行规章制度，告诉学生可以做什么，不能做什么，让学生懂得怎样为人处事，在校园内营造良好的学习、实践、创新的氛围；同时将解决学生

的实际问题放在首位,在管理工作中对学生不论在学习还是生活中的出现的问题能够积极有效地解决,通过问题的解决使学生对学生管理工作产生信任感,愿意积极配合学生管理工作,促进学生管理工作的发展和进步。

(四)强化学生管理队伍,加强学生管理工作

高素质的学生管理人员是学生管理工作的重要保证,也是学生管理工作是否顺利有序进行的关键。在加强学生管理工作方面,要严格要求学生管理者按照规章制度执行工作职责,建立完善的工作监督体系;还要在工作、生活上关心他们,充分调动其工作积极性;同时要大力加强学生管理者的培训和学习,经常安排他们参加各种业务培训活动,提高业务水平。

大学生管理工作在新时期面对的问题较多,在不断探索和试行中取得了一定的成效,但是在今后的学生管理工作中需要继续积极努力地寻找更加有效的学生管理方式和方法。

参考文献

[1] 史慧明,黄军伟:《中美高校辅导员的角色定位比较及启示》,《理论月刊》,2008年第6期。

[2] 金劲彪:《民办高校政治辅导员职业化建设的若干思考》,《中国高教研究》,2008年第7期。

[3] 顾晓虎:《高校辅导员职业化发展激励机制探析》,《江苏高教》,2008年第5期。

就业创业指导

高职学生职业生涯规划教育创新研究

刘奂婷

摘　要：职业生涯规划教育关系到高职大学生未来的职业发展。文章提出从增加职业生涯规划教育中的始业教育课时、增加教学实践活动和导入实例、增加可雇佣性为前提的职业生涯规划教育、增加校内外实践活动等方面进行职业生涯规划教育的创新，提高学生的综合素质，促进大学生做出更好的职业选择。

关键词：高职　职业生涯规划始业教育

高职学生从进入大学到走上社会，要适应从高中生到大学生的转换，也要做好大学生进入到社会的准备。为帮助高职学生正确地认识自己的价值，对自己的未来有一个很好的规划，高职院校开设了职业生涯规划的课程，职业生涯规划课程的设立在我国相对较晚，职业生涯规划的教学模式还有待创新。

为了更好地使职业生涯规划教育的作用发挥到最大，要对职业生涯规划教育进行不断的、全面的创新，对职业生涯规划的课程设置、课程内容和课程模式进行创新。

一、增加职业生涯规划教学中的始业教育课时，提高学生专业和职业认同

学生刚进入大学时，由于离开了父母，无法马上适应高中生到大学生的转换，又有来自外界和社会的就业压力，会对学生的心理产生不良的影响，使学生的学习目标和对自己人生的规划产生错位。为防止此类现象的发生，学校要为高职学生开设职业生涯规划课程，其中第一课就是始业教育。

高职阶段的职业生涯规划，不仅要求学生正确地认识内部和外部世界，做出决策，付诸行动。更多的是给予清晰的专业和职业的教育。始业教育可分为专业认识、职业认识。可由专业教师、优秀行业专家、优秀校友，以及优秀学生代表进行专题讲座。帮助学生根据专业特点和职业要求合理地规划时间，使学生充分利用好在校时间，学生就会觉得在学校的生活是充实的，且是与专业努力相结合的，心态就会变得积极。

始业教育可以帮助学生了解自己的专业前景，了解专业的发展方向，使学生感觉到学校是为了使他们可以更好地适应社会才开设职业生涯规划课程的，这样学生就会为更好地适应社会而对学习产生积极的兴趣，学校的教学质量也会有明显的提升。专业教师还要为学生树立好学习目标，有了学习的目标，学生就会对学习产生浓厚的兴趣，也有了学习的动力，这样就提高了学生学习的积极性。职业生涯规划还可以使学生了解本专业在社会人才需要方面的现状、企业对专业人才的要求，通过这些信息学校可以采取相应的措施，最后使学生毕业后可以结合专业的职业生涯规划顺利地找到工作。

二、增加教学实践活动和引入案例，改变传统的职业生涯规划教学思想

要想对职业生涯规划教育进行创新，首先就要改变教育思想，传统的教育思想已经不能满足当下的教育发展形势。对于职业生涯规划教育的课程来说，教师不能只为学生讲解书本知识，还要结合情境来教学，采取教学与实践相结合的措施。可以在高职学生的职业生涯规划的教学中加入游戏，如在上课过程中教师可以模拟面试的过程和流程，让学生体会面试，这样学生就会知道在面试中要注意哪些细节，要准备什么。也可以通过教师给同学题目，让同学根据自己的想法进行解答，这样学生不仅能在课堂中得到学习的欢乐还可以充分地理解题目本身的意义，以及在今后的工作中需要注意的问题。高职学生也可以更快适应大学的教学模式。所以，教师和学校要改变传统的教学思想。

职业生涯规划这门学科与实践是分不开的，怎样才能更好地将社会现象、社会环境、社会对人才的需求和社会对人才的要求以一个最真实的方式告诉给学生呢？解决这一问题的办法就是在职业生涯规划的教学中引入案例教学的模式。引入案例教学模式的意义有：① 有利于理论与实践更好的结合。职业生涯规划的教学从教学大纲的角度来看是偏重理论的，学校为了使学生加深对所学知识的理解可以采取案例教学的方法。案例教学是教师根据本节课的教学大纲和教学内容，选取合适的案例帮助学生进行理解；学生亲自参与到案例中，通过在案例中的感受加深对老师所讲内容的理解。这样就做到了理论与实践的完美结合。② 实现了以教学为中心到以自学为中心的转化。案例教学可以让学生自己来解决案例中的问题，在案例教学的过程中间接地提高了学生解决问题的能力。③ 改变了原有教学模式的单一性。案例教学的方式是

具有综合性的，包括自主学习、课堂练习、作业练习、场景模拟等教学方法，这种综合性的教学方法不仅能达到教学目标，还可以对学生进行全面培养。在进行职业生涯规划的教育时，教师还可以借助信息技术和多媒体技术来讲解职业生涯规划。

三、增加可雇佣性为前提的职业生涯规划教育，提高学生企业忠诚度

教师在对学生讲解职业生涯规划教育内容时，要本着提高学生可雇佣性为前提，可雇佣性是指学生要有就业能力和持续就业的能力，开设职业生涯规划课程的目的就是帮助学生成功的就业，根据自己的规划找到合适的工作。

教师在讲解职业生涯规划课程前，要收集大量的、当前更新的与学生专业相关的信息，使学生及时根据信息自我调解。同时还要关注学生的心态变化，在学生的心态产生不良变化时，教师要给予正确的指导，因为在信息时代，信息是不断变化的，信息产生的现象有时会对学生不利，这样就会使学生产生消极的思想，如果这种思想不及时纠正，学生进入到工作的岗位时就会承受不了压力，频繁换新的工作，对工作坚持不下来，没有可持续的就业能力，学生个人的职业生涯规划就会被打乱。

学生的职业生涯规划到最后是要进入社会实践的，职业生涯规划实践成功的标准有很多，其中一项就是学生的就业。现在，就业压力大的思想从一入学就渗入到学生的思想中。学校要改变学生的就业观念，有些人认为社会的就业压力、学生就业难的问题来源于高校的扩招，是由于生源加大，学生的竞争力加剧，社会可以提供的工作机会少引起的。其实不然，社会的就业压力与学校的扩招没有直接的联系，真正的原因在于企业自身条件受到限制，对自己公司的人力资源和人员需求不够明确，大学生认为，作为一名

大学毕业生应该有更好的工作，有些学生向往大城市的生活，综上原因就造成了学生就业难的现状。针对此现状，高职院校应该加强职业生涯规划教育，在职业生涯规划课程中改变学生的就业思想，通过职业生涯规划来促进大学生就业。

四、增加在校期间的校内外实践活动，提高学生的综合素质水平

在校期间，高职院校应综合评定学生在校期间的校内外实践活动，并纳入到职业生涯规划课程，以此促进学生的综合技能的提高。学校要对学生校内外技能比赛情况、参加社团情况、参加讲座情况、参加职业生涯规划大赛情况、校外实践情况、志愿服务情况等，用学分制进行考评，以此培养学生自主学习的积极性，提高学生的团队意识，提升学生的交往能力等。

通过对学生校内外实践活动的评定，旨在有方向、有目的地提高高职学生综合素质，这样有利于学生通过校内外的实践积极、主动地提高自我能力。

综上所述，为了使高职职业生涯规划课程的作用发挥到更大，高职院校要通过增加职业生涯规划的始业教育课时，增加教学实践活动和引入案例，增加可雇佣性为前提的职业生涯规划教育，增加在校期间的校内外实践活动等，对职业生涯规划教育的教学内容、教学模式进行创新，使高职学生可以更好地适应大学的生活，以积极的态度、正确的思想、健康的心理和很好的人生规划适应社会，做出更好的职业选择，为社会做出更大的贡献。

参考文献

[1] 王希永,李晓珍:《大学生事业生涯设计与发展》,中山大学出版社,2001 年。

[2] [美]Reardon Lenz Sampson:《职业生涯发展与规划》,侯志瑾,伍新春译,高等教育出版社,2005 年。

[3] 周文霞:《职业生涯管理》,复旦大学出版社,2004 年。

[4] 陈社育:《大学生职业心理辅导》,北京出版社,2003 年。

[5] 池忠军:《生涯辅导的理论渊源与方法辨析》,《中国矿业大学学报(社会科学版)》,2003 年第 5 期。

[6] 关晶:《生涯教育:素质教育的重要组成》,《世界职业技术教育》,2002 年第 1 期。

[7] 吴志功,乔志宏:《美国大学生生涯发展与就业指导理论评述》,《比较教育研究》,2004 年第 6 期。

[8] 何晓红,白玲:《职业生涯规划从大一开始》,《中国大学生就业》,2001 年第 10 期。

[9] 沈之菲:《大学生职业生涯规划探究》,《教育发展研究》,2005 年第 7 期。

[10] 龙立荣,李晔:《职业辅导思想的历史嬗变——从职业指导到生涯辅导》,《华中师范大学学报(人文社会科学版)》,2001 年第 6 期。

浅议高职院校贫困生就业援助策略

张伟伟

摘　要：在调查研究的基础上，从社会、家庭、学校、贫困生自身因素四个方面分析高职院校贫困生就业难的原因，并据此提出了高职院校贫困生就业援助的具体策略：帮助贫困生准确定位、积极开拓智力型勤工助学岗位、建立贫困生档案并全方位跟踪贫困生就业、加强校企合作为贫困生搭建就业服务平台、重视贫困生创业教育，以期能够促进高职院校贫困生更好地就业。

关键词：高职院校　贫困生　就业援助策略

目前，高职院校贫困生就业难的问题较为突出。如何帮助高职院校中的贫困生就业，如何为高职院校贫困生就业提供行之有效的就业援助策略，是高职院校就业工作亟待解决的主要问题。

一、高职院校贫困生就业难的成因

导致高职院校贫困生就业难的原因是多方面的，主要体现在以下四个方面。

（一）社会因素

高职生在就业上要与本科生、研究生、中职技校生竞争，就业空间狭窄。高职毕业生若没有准确的定位和相应的就业援助机制，就业较之其他毕业生将更困难，这无疑为高职院校的贫困生就业带来了更大的挑战。

（二）家庭经济因素

贫困学生大多来自农村"老、少、边、穷"地区、城镇下岗职工家庭或者离异单亲家庭。由于贫困生家庭亲人知识水平低，社会资源及人脉资源较少，大多数贫困毕业生在择业时得不到家庭的建议和帮助，要完全依靠自己的能力抉择。

（三）学校帮扶体系不到位

目前，学校对贫困生的帮助更多地停留在经济帮扶层面，通过"奖、助、勤、减、免、贷"等绿色通道在一定程度上解决了贫困生的经济困难问题，但是在贫困生的思想政治教育、心理辅导和就业指导、就业服务等方面，学校缺乏有针对性的一对一帮扶，支持体系不到位，不够贴近贫困生就业难的实际，帮扶措施不到位。

（四）贫困生自身综合素质竞争力不强

贫困大学生大部分来自农村，由于目前我国城乡教育水平的差异，使得他们在综合素质方面远远落后于城市学生，特别是人文知识、个人特长、社交能力、动手能力、语言表达能力、组织能力等方面。如今用人单位越来越重视人才的综合素质，看重毕业生在校期间是否担任过学生干部，有无参加社会活动等，然而恰恰在这些方面贫困生存在着一些不足，从而削减了自身就业竞争力。

二、高职院校贫困生就业援助的具体策略

鉴于贫困生在就业过程中遇到的困难及原因，高职院校应树立"以学生为本"的就业工作理念，努力构建全方位、多层次的高职

院校贫困学生就业援助机制，采取有针对性的就业援助策略，促进高职院校贫困学生顺利就业。

（一）帮助高职贫困生准确定位，转变就业观念，做好职业生涯规划

学校应鼓励各二级学院通过开设就业指导课、就业讲座、就业知识咨询会等形式帮助贫困生认清目前就业现状，加强贫困生的择业观与就业观的教育，引导他们树立大众化的就业观。且在引导贫困生就业时应鼓励他们潜心在一线锻炼自己的专业技能，也要让他们意识到除了在大城市工作之外，回生源地，到基层、边远地区和艰苦行业就业也是一种选择。

（二）加大高职贫困生经济物质援助的同时应积极开拓与学生专业学习有关的智力型勤工助学岗位

加大对贫困生的资助力度，应加强分析学校各种“奖、助、贷、免”资金的比例，并设立专项贫困生就业基金，对贫困生的就业提供一定的经济支持，形成合理的贫困学生资助体系。此外，还应增大勤工助学服务岗位的数量和范围。在提供劳动服务型岗位的同时，还应积极开拓与学生专业学习有关的智力型勤工助学岗位，如为贫困生提供辅导员助理、办公室助理等岗位，这有利于提高贫困生的实践能力、交际能力，让贫困生能尽早积累工作经验，锻炼自己。

（三）建立贫困毕业生档案，引导班主任、专业教师与贫困毕业生结对子，全方位跟踪关注贫困生就业

就业专职人员应与帮困助学专职教师协作，为贫困毕业生建立档案，并引导班主任、专业教师与贫困毕业生结对子，以便对其就业心理有更深刻的了解，更好地帮助贫困毕业生分析专业的技能要求、求职方向以及职业定位，并有针对性地开展求职技能和技巧的学习，例如求职简历的制作、面试技巧等，帮助贫困生进行就

业能力的培养，并时刻关注贫困生就业动态，及时提供帮助。

（四）加强校企合作，为贫困生搭建就业服务平台

加强校企合作，优先推荐较优秀的高职贫困生就业。高职院校的"就业教育"本身就是面对就业的教育，所学能不能成为所用，是高职院校教育成功与否的重要标准。高职院校应加强与企业的合作，建立校外实训基地，方便高职学生进入企业实习和工作。学校应积极寻求合适岗位和用人单位的理解，有针对性地、有重点地推荐较优秀的高职贫困生优先进入企业实习和工作，积极帮助他们克服就业障碍，为高职贫困生就业开通绿色通道。

学校还可以积极联系组织相关企业在学生就业前夕来校进行专场招聘会，特别向企业优先推荐德才兼备的贫困毕业生，为其搭建就业平台。

（五）重视贫困毕业生创业教育

高职院校应重视贫困毕业生的创业教育，因为家庭经济贫困的毕业生创业比一般学生要困难，但同样由于家庭原因，贫困毕业生创业的意义比一般学生更大。学校应通过创业孵化基地、校园创业实验园等形式为贫困毕业生创业提供平台，创业带动就业，缓解贫困生就业压力。

贫困大学生就业问题关系到贫困家庭的脱贫梦想，也关系到高职院校的发展和社会的和谐稳定，我们必须更加重视这个问题，把贫困生就业援助措施落到实处，踏踏实实解决贫困生就业问题。

参考文献

[1] 何纯正:《高等学校应着力提高贫困生的就业竞争力》,《湖南医科大学学报(社会科学版)》,2006 年第 4 期。

[2] 谭桂明:《高校贫困大学生就业问题及对策研究》,《中国科教创新导刊》,2008 年第 2 期。

[3] 欧永美:《贫困大学生就业困境及解决之道》,《大众科学》,2007 年第 18 期。

[4] 易静:《高校贫困生就业难原因分析及对策研究》,《世纪桥》,2007 年第 10 期。

[5] 覃晶晶:《高校如何解决贫困生就业难问题的对策思考》,《科教文汇旬刊》,2007 年第 29 期。

搭建高职院校贫困生就业帮扶体系的尝试与思考

——以杭州科技职业技术学院工商学院为例

刘红红

摘　要：高校贫困生就业难问题逐步凸显。究其原因，主要受社会、经济、心理、能力等因素的影响。当前，建立贫困生就业帮扶体系尤为必要。可通过做好常规帮扶、始业教育、校企合作等途径帮助贫困生成功就业。

关键词：高职院校　贫困生　就业　帮扶

近些年，随着高校招生规模的不断扩大，高校毕业生就业压力也随之越来越大。而贫困生作为高校的就业困难群体之一，他们的就业问题早已成为社会关注的焦点。作为高职院校，能否建立健全的贫困生就业帮扶体系，努力帮助贫困生顺利实现就业，不仅关系到学校的长远发展，更是建设和谐校园的内在要求。

一、高职院校贫困生就业困难的成因分析

（一）社会方面

一方面，由于高校多年扩招，大学毕业生人数也在逐年增加，我国总体劳动力供过于求，就业形势严峻。加上受到金融危机的

影响，各用人单位正面临精简机构、缩减人员的压力，接收应届毕业生的能力有限。另一方面，在平等的就业竞争机制尚未健全的情况下，各种各样的社会关系对毕业生的就业有着非常重要的影响。对于大部分来自农村、小城镇、城市低收入家庭的贫困生而言，社会资源相对匮乏的现实也使得他们很难找到一份理想的工作。

（二）经济方面

大多数贫困生来自农村或经济收入偏低的城镇家庭，在经济方面本身就是主要依靠国家和学校的各类助学贷款、助学金以及其他各类减免、补助政策才得以顺利完成学业。同时，迫于家庭经济条件的限制，贫困生还不得不放弃继续参加专升本学习和考取更高级别的专业技能证书等机会，在就业竞争如此激励的现实面前，这也使得贫困生的就业竞争力受到了很大的限制。

（三）心理方面

由于经济条件方面的差距，贫困生往往容易因为家庭经济困难而产生较为强烈的挫折感和自卑感，这也潜移默化地影响到他们的就业心理。他们背负着通过大学学习与就业改变家庭困难状况的沉重压力，一旦在学习和生活中有所挫折，就很容易造成他们人生观、就业观出现偏移，丧失自信心；他们在与别人交往的过程中经常采取逃避、退缩等方式，不善于表达和推介自己；他们在就业过程中对就业指导抱有较高期望，当求职受挫时容易情绪激动，怨天尤人，抱怨社会不公，缺乏独立的就业决策能力。因此，良好的就业心理是贫困生能否顺利就业的重要影响因素之一。

（四）能力方面

总体上来讲，贫困生在语言表达能力、组织协调能力、人际交往能力、管理沟通能力等方面表现出一定的劣势，由于家庭经济原因，贫困生往往少言寡语，不愿与他人过多交流，在参加学校、学院组织的各种活动中表现不够积极，这就使得个人综合能力方面较其他同学有所欠缺。而在求职面试过程中，用人单位往往更加注重考查求职者的综合能力，这也是一些贫困生能够通过笔试却往往在面试环节中败下阵来的原因。

二、高职院校建立贫困生就业帮扶体系的重要意义

（1）建立贫困生就业帮扶体系有助于在全社会形成“知识改变命运”的正确价值导向。如今在很多农村家庭，“毕业等于失业”的就业形势使得一些毕业生和家长看不到知识改变命运的希望，而供子女上大学使得原本就不富裕的家庭经济雪上加霜。因此，建立贫困生就业帮扶体系，开展贫困生就业帮扶计划，解决高校贫困生的就业问题不仅关系到社会正确价值理念的形成，也关系到整个国家国民文化素质水平的提升。

（2）建立贫困生就业帮扶体系有助于贫困生在就业市场上占据一席之地。能否在竞争激烈的求职市场上找到适合自己的位置，更多地取决于个体的心理承受能力和调适能力。起薪低、技术含量不高、管理不规范的基层岗位，对求职者的长远发展形成较大的挑战。与本科毕业生相比，高职学生在学历能力上的确有所欠缺。通过开展一系列贫困生就业帮扶活动可以有效帮助贫困生正视自身学历的短板，解决就业动力不足、自信心缺乏、自身定位不清等问题，通过发挥自身优势顺利走向成功就业。

（3）建立贫困生就业帮扶体系关系到贫困大学生的身心健康、校园的和谐稳定。贫困生在升入大学后，由于经济条件、成长环境等方面的影响，他们中的一些人较容易产生自卑心理，不愿融入集体，很少参加集体活动，使其能力发展受到限制。贫困生就业帮扶体系的建立可以帮助贫困生树立良好的人生观、价值观，对贫困生择业、就业会有很大帮助，有助于维护校园的和谐稳定。此

外，由于大学生整体就业难，贫困生就业形势严峻，导致贫困生还贷难，银行不愿受理学生助学贷款的情况时有发生。甚至某些城市或学校把毕业生的助学贷款还款记录与国家的征信记录或毕业证书发放相关联，如果毕业生逾期不归还贷款，则会影响毕业生今后的工作与生活。贫困生就业帮扶体系的建立可以帮助解决高校贫困毕业生的就业问题，同时有利于国家助学贷款政策更加有效地实施。

三、稳步提升高职院校贫困生就业综合竞争力的有效途径

（一）扎实做好各项常规帮扶工作，让贫困生安心、家长放心

近年来杭州科技职业技术学院工商学院在帮扶贫困学生就业工作方面所开展的常规工作如下：一是积极开展毕业班心理普查，安排心理辅导员做好贫困学生的心理疏导工作，必要时争取校心理健康中心的帮助；二是建立贫困学生家庭信息档案和就业推荐信息优先发布渠道；三是组织、安排相关教师全程进行就业指导，密切关注贫困学生在求职过程中的各方面情况；四是规范管理国家励志奖学金、助学金、就业补助、企业爱心基金等。通过这些基本的就业帮扶与指导，力争给贫困毕业生打造一个温馨的港湾，保障其顺利毕业、安心求职。

（二）重视发挥新生始业教育的作用，帮助贫困生树立正确的就业观

我院一直以来高度重视学生的始业教育，尤其注重强化对贫困生的始业教育。在新生的始业教育课中，积极邀请与我院关系密切的校企合作单位或知名企业高管来专题讲解企业用人的要求和大学生职业生涯规划等问题，并将企业对于家庭贫困学生的要求与关注度加入其中，告诉大家只要学习态度端正、专业基础扎

实、综合素质过硬，学会学习、学会思考、学会合作就一定能够在将来的求职过程中取胜。这样有助于贫困学生充分正视自身的价值，帮助他们树立正确的就业观。

（三）在合作企业中尝试设立较为固定的实习岗位，提升贫困生的实践能力

随着工商学院校企合作工作的深入开展，我院紧紧依托合作企业的岗位资源优势，通过双向选择，优先安排贫困学生在寒暑假到多个合作企业参加岗位实践。一方面，可以让贫困学生有一定的经济收入，同时又可以作为正式就业前的历练，让他们在模拟就业的实践中，更加清楚准确地了解自身的能力特长、交际水平和发展潜力。另一方面，通过校外的模拟就业实践也可以很好地拓宽学生的社会交际圈，使贫困生更加直观地了解行业内的就业动态信息，有效缓解他们的就业心理压力，更为合理地设定自身的就业期望值，从而提升自身就业综合能力。

（四）建立校企合作良性就业资助体系，为贫困生搭建有效的就业平台

工商学院在为贫困生搭建有效的就业平台的主要做法，是在校企合作协议签订前，完成就业资助体系建设工作的协调，并根据校企合作的协议规定，依托合作企业提供的就业岗位资源平台，针对家庭特别困难且成绩优秀的学生，校企合作共同开展帮扶助学活动。活动主要由合作企业出资，每年资助 3 位左右家庭特别困难且品学兼优的学生，并承诺优先为受资助学生提供实习与就业岗位。这就不仅在经济上给予贫困生一定的帮助，缓解贫困学生的生活压力，而且由于资助体系中要求学生每学期向合作企业汇报学习和生活情况，在无形当中促使受助贫困学生发奋学习、锤炼技能，为今后的发展而不懈努力。尤其值得一提的是通过就业资助体系的建立，校企双方共同为品学兼优的贫困学生搭建有效的

顶岗实习与就业的平台，实现了学校、企业、学生的多赢。

总之，在当前就业形势较为严峻的情况下，贫困毕业生实现充分就业已成为各高职院校就业工作的重点，而帮助贫困大学生提高就业竞争力，解决贫困大学生就业问题需要学生、学校和社会三方共同努力。

参考文献

[1] 周晓炜，邬红芳：《提升高职高专贫困生就业竞争力的探讨》，《沙洲职业工学院学报》，2010 年第 13 期第 3 卷。

[2] 黄咸强：《职业指导视角下高校贫困生就业困难群体之帮扶》，《职业教育研究》，2012 年第 7 期。

[3] 孙世平，孙鑫，李华：《大学就业困难学生帮扶体系研究》，《北华航天工业学院学报》，2010 年第 1 期。

[4] 柏嫱：《和谐社会视域下高职院校贫困生就业难现状及对策》，《四川职业技术学院学报》，2012 年第 5 期。

提高高职院校学生就业能力的思考

王春燕

摘　要：高职教育的目的是培养面向生产、管理、服务第一线的高技能应用型人才，学生就业能力的高低直接反映着高职教育的方向和水平。针对目前我国高职院校存在的人才培养针对性不强、就业指导形式和效果不理想、课程设置落后以及实训教学质量差等严重影响学生就业的问题，提出高职教育应以就业为导向，提高学生的专业操作技能和综合素质，开展行之有效的就业指导，加强毕业生就业竞争能力培养。

关键词：高职学生　就业能力　培养模式　构建

随着社会的发展，国家对人才的需求不断提高，尤其是高技能创新型人才，亟需高职院校培养一批适应社会发展、国家需求的可以服务一线的高技能型人才，这就使得高职学生在现代社会生产、建设、管理中发挥着越来越重要的作用。然而近些年，高职学生由于受整体就业环境，以及学历层次较低等自身劣势条件的影响，未能充分发挥其就业竞争力，使他们的就业形势变得更加严峻。因此，高职院校必须设法从根本上提升学生的就业竞争力，才能使高职学生顺利从学校过渡到社会，最终成为符合社会发展需求的高素质、高技能人才。

一、影响高职院校就业的因素

1. 人才培养观念存在偏差

我国的高等职业教育存在重知识传授和理论系统性，轻职业教育的职业性和实践性的特点，这种教育制度压抑了学生的多样化需求，也约束了培养模式的多样化发展，致使职业教育人才培养的针对性不强，特色不明显。当前的职业教育在技能型人才目标指导下培养出来的毕业生并没有得到社会和用人单位的认可，表明职业教育院校的毕业生缺乏较强的就业竞争力和较好的行业岗位适应能力。当前的职业教育在人才培养模式包括教育思想、办学理念、教学管理、教学计划、教学大纲理论与实践、课程教材、师资素质以及实操实训等方面普遍存在缺陷。

2. 就业指导形式和效果不理想

尽管各高职院校对毕业生就业指导工作十分重视，然而由于就业形势严峻，就业指导工作起步较晚等原因，当前高等职业院校的就业指导形式和效果并不理想。许多高职院校的就业指导工作仍安排在学生毕业前夕，往往在最后一个学期，才匆忙对毕业生进行指导，这种指导在提高毕业生面试技巧，让学生了解择就业签约过程等方面可能会有一些效果。但是对提高毕业生未来工作能力，调整就业方向及提高创业能力等方面几乎起不到作用，就业指导的实际效果不明显。

3. 高职院校的课程设置落后

一些高等职业技术院校专业课程内容陈旧落后，仍以学科的形式来组织教学，局限于传统知识的传授，对于新知识反应迟钝，课程设置不利于复合型人才的培养。有的表现为课程门类不全，新兴课程无法开设，有的不需要的课程又删除不掉；应有的没有，不应有的却有。另外，各学科专业课程之间缺乏联系，缺乏选修的灵活性，不符合现代生产和生活综合性、变通性、流动性的需要。同时课程门类烦琐，内容交叉，课程设置缺乏宏观统筹及整体优化，这使职业教育的课程结构失去了合理性，既不合乎现代专业课程创新的要求，又难以培养出具有广泛适应性的复合实用人才。

二、提高高职院校学生就业能力的措施

1. 明确学校的定位

高等职业技术院校的教育目标，是培养专科层次的具有一定职业技术能力的应用性人才，因此对毕业生标准的认定有两个定位：应用性、职业技术，高职院校要围绕培养学生定位，制定专业和课程设置等。

2. 树立市场需求的就业理念

学校方面要认真贯彻落实国家有关毕业生就业方面的方针政策，以市场需求为导向，全面推进学生的思想教育和管理工作，促进学校教学和教学管理工作改革，促进学校的学科建设和专业建设。充分发挥行业、企业兼职教师队伍的作用，通过产学结合拓展高职高专院校的职能。高职高专院校要改革自己的管理制度，建立更加灵活的、能够适应社会现实需要的教学管理制度和运行机制，通过产学结合促进行业开发、并更好地服务于市场需求。

3. 构建课程设置体系

要明确高职院校培养的是生产、服务第一线的技能型人才。在传授知识时，理论知识以够用为度，侧重于实践技能的培养。要结合区域经济特点，通过调查分析、归纳确定特定职业应该具备的综合能力。要打破传统的“基础课——专业课——拓展课”的课程设置模式，根据职业综合能力要求设置模块课程或项目课程，避免重复性知识的讲授，使学生能在较短时间内进行一项或多项针对

性技能的练习，提升职业动手能力和综合能力。在课程设置中，适度加大实践性课程的比例，突出职业核心能力训练。

4. 专业教育具有针对性

专业教育要加强职业针对性，高等职业教育定位于培养高级技术型人才，其课程模式的选择要以职业能力的培养为出发点，要以工作过程逻辑为线索来组织课程内容，另外还要建构和完善实践教学体系，以培养学生的实践能力和训练学生的职业技能。在教育层面上，对就业能力的理解要把握好专业能力与就业能力，知识传授与技能训练，综合素质与一技之长三者关系。

5. 构建职业指导体系

职业指导在高职院校学生就业能力培养过程中意义重大，构建良好的职业指导体系可从以下几个方面着手：第一，开设专门的职业指导课程，教师应教会学生如何正确地认识自己，如何选择适合自己的职业，如何规划自身的职业生涯，还应教授制作简历、面试的常用技巧；第二，开展职业生涯规划大赛，通过比赛使学生更清楚自己的职业生涯规划的优势和劣势，及时修订规划，增强职业生涯规划实现的可能性；第三，创建专门的职业指导网站，安装职业生涯评估软件、提供与就业相关的视频培训课程、安排专门的职业指导教师接受学生咨询，进行心理辅导，指导学生就业的全过程。

6. 开展行之有效的就业指导

根据近年来企业选人标准要求，提高高职学生就业竞争力应该包括以下 4 个方面的内容。

(1) 就业准备：如毕业院校，学历层次，政治面貌，是否是学生干部，是否取得职业资格证书，对当前就业政策的了解程度等。

(2) 就业心态：如自信、情商、就业观等有利于就业的个人特质与态度。

(3) 知识能力：专业知识、学习能力、创新能力、实践能力、观察能力、表达能力、组织能力、外语和计算机运用能力等方面的能力。

(4) 品质素质：职业道德、团队精神、心理素质、诚信意识、服务意识、责任意识等。

7. 构建完善的社会实践体系

构建完善的社会实践体系，解决学生在就业过程中遇到的实际问题，对提高学生的就业能力至关重要。第一，要积极建设校内外实训基地。学生定期到企业参观学习，并参加企业实际的生产经营活动，培养实际的就业能力。第二，要鼓励学生参加勤工俭学的社会实践活动，认识社会、接触社会，培养人际沟通交往能力，为今后实际就业打下基础。第三，学校要给予场地和一定的资金支持，引导学生自行组织开办模拟公司，直接参与公司的经营管理，锻炼就业能力。

三、结　语

高职院校学生就业能力是社会评价学校的重要尺度，就业率作为高职院校办学水平评估、专业设置调整、招生规模增减的重要监测指标，给学校的生存与发展带来压力，带来挑战，也带来机遇。因此，以培养学生就业能力为重心，明确学校的定位，树立市场需求的就业理念，构建课程设置体系，加强专业教育的针对性，构建职业指导体系，开展行之有效的就业指导，构建完善的社会实践体系等，是提升高职院校学生就业能力培养水平的根本途径。

参考文献

[1] 吕秋薇:《关于提高高职院校学生就业能力的探究》,《商业经济》,2008 年第 12 期。

[2] 肖云平:《论高职院校学生就业能力的培养》,湖南农业大学硕士论文,2009 年。

[3] 宁玉:《提高高职学生就业竞争力的策略研究》,西安建筑科技大学硕士论文,2012 年。

[4] 黄蘋:《全球经济危机影响下高职院校学生就业能力培养模式研究》,《新课程研究(高等教育)》,2009 年第 5 期。

[5] 罗宏:《影响大学生就业因素分析》,《中外企业文化》(下旬刊),2014 年第 1 期。

基于就业能力提升的创业教育开展的相关思索

聂玉玲

摘　要：针对当前社会广泛关注的我国大学生就业难问题，文章着力于创业教育对就业能力的影响，分析开展提升就业能力的创业教育的重要意义，并在此基础上提出几点思考和建议。

关键词：就业能力　创业教育

一、引　言

2013 年，全国大学毕业生达 699 万人，被一些人常称为“史上最难就业季”。2014 年，高校毕业生有 727 万人，或者只有网络那句老话“没有最难，只有更难”才能描述这种情况。事实上，除了 727 万人这个规模之外，2014 年毕业生面临的挑战还包括连续几年饱和的市场以及往届“剩”下的师兄师姐们。据人力资源服务机构“前程无忧”发布的《2013 典范企业人才招聘状况报告》显示，该机构认定的 100 家“最佳人力资源典范企业”计划招聘 2014 年大学毕业生的数量比 2013 年下降 7.3%。这意味着 2014 年大学毕业生的求职难度与 2013 年相比还会加剧。与此同时，各方创业的呼声一直高涨，我国高校大学生在创业方面取得了一定的成绩，与本科学生相比,虽然高职学生因就业质量不高而有比本科大学生更为强烈的创业愿望,但因遭遇创业过程中种种困难,能坚持到最后的创业者寥寥无几。创业教育是否应仅惠及少数创业的学生,还是面向所有需要就业的学生,是有必要思考的问题。

二、就业能力

就业能力,这一概念最早是由英国学者 Lee Harvey 提出的,其认为就业能力是个人所拥有的取得基本就业、维持就业和适时重新取得就业的能力和意愿。在我国,首次明确提出大学生就业能力概念的学者是郑晓明,他认为就业能力是大学生在校园学习期间,系统地学习知识,积累和开发综合素质,从而获得的就业本领。

国内学者郑晓明认为:就业能力是学生在校期间通过知识的学习和综合素质的开发而获得的能够实现就业理想、满足社会需要,在社会生活中实现自身就业价值的本领,是一种综合能力。这种综合能力划分为沟通能力、策划能力、应变能力、语言表达能力、创新能力、团结合作能力、领导能力、工作计划能力等 8 个维度。

三、创业教育对象的现状和矛盾

创业教育是一种新的教育观念,不仅体现了素质教育的内涵、侧重教育创新和学生实际能力的培养,并且强调转变学生的就业观念,提高学生的创业意识和创业能力。创业教育是一种新的教育理念,不仅可以体现素质教育的内涵,而且是人才观转变和教育观转变的革命。有关研究表明:在问及学生是否了解学校的创业教育时,53.5% 的学生回答不了解,44.6% 的学生回答了解一点儿;而对创业教育的概念、特点、内容很了解的学生仅占 1.9%;当问及学校是否有必要开展创业教育时,85.0% 的学生认为有必要,在面对创业教育的对象应该是谁的问题上,约 61% 的学生认为创业教育应该面向多数学生。部分老师认为并非所有的同学都适合创业，也符合创业的条件。但与此同时，也有部分老师认为教学应该有教无类，每个同学都可以也很有可能会创业。

四、创业教育与就业能力关系研究的现状

创业教育是为了鼓励和帮助学生更改就业观念、创造更多社会财富、体现自我价值应运而生的。对大学生创业教育的研究主要集中在创业教育的内容、大学生创业教育的途径和模式、大学生创业教育存在的问题。而在大学生创业与就业两者关系上，有部分学者分析了两者之间的关系，施菊华(2005)分析了当年我国大学生就业面临的压力和困难，阐述了创业教育的内涵和对大学生就业的导向作用：一是有利于学生转变就业观念，通过创业教育可使大学生转变“依靠国家、父母、关系”的旧观念，树立就业依靠自己的观念，发挥自己的聪明才智，为社会多做贡献；二是有利于大学生提高就业竞争力；三是有利于拓宽大学生的就业途径。袁美学(2005)分析了当前导致大学生就业难的社会、高校、学生自身方面的因素，指出大学生创业教育是培养创新型大学生人才、缓解大学生就业压力、解决大学生就业难的根本途径。朱晓虹(2012)提出，通过校园创业这种方式可以提高大学生的就业能力。

五、基于就业能力提升的创业教育开展建议

(一) 转变创业教育的认识

很长时间以来，老师和学生都认为创业仅与少数人有关，故在实施创业教育和接触创业教育时，少以全民教育的形式呈现。高职学生对创业的理解仅停留在表层，并未把创业看成是与己切身相关的事情，学生学习时也非用心看待和参与，所以从根本上转变师生对创业教育的认识是源头。创业教育在学校中更应是一种普

及教育，创业教育的过程更多是就业能力提升的过程，是能惠及所有学生的重要课程。

（二）课程内容的补充和完善

创业教育作为所有学生未来可能职业发展的教育，将其内容调整到职业生涯课程教学之中，可通过教学让学生对创业有基本的了解和认识，也为在校期间后期的创业实践做好前期铺垫。此外，将创业教育与专业课程相结合，寓创业教育于专业教育之中，既能充分利用学生的专业优势，又能激发更多的创业潜在可能。

（三）学校创业鼓励政策的出台

学生认为创业需要花费大量时间和精力，在与课程相冲突、创业本身不能立竿见影的事实下，创业实践往往被舍弃。实施创业实践的学分制，一方面可加强学生对创业的重视，另一方面也可以避免因学生精力有限而无法完成部分选修课的学习任务，从某种程度上实现理论与实践相结合。

（四）加强与社会及企业的对接

校园创业提升能力最重要的途径是学校提供实习和校外实践的机会、完善就业实际培训和邀请职场人士讲座三个方面。通过校企合作、校政合作多种渠道，加强学校与社会、企业的对接。只有与社会和企业的紧密对接，创业教育才能更贴近实际情况，就业能力的完善才能更紧跟时代和社会的需求。

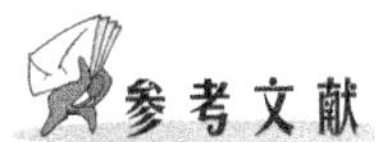

参考文献

[1] 郑晓明：《“就业能力”论》，《中国青年政治学院学报》，2002 年第 3 期。

[2] 朱明:《我国大学生创业教育研究综述》,《职业教育研究》,2007 年第 6 期。

[3] 任湘,夏金星,易自力:《高职院校大学生就业与创业教育的现状分析》,《职业通讯：江苏技术师范学院学报》,2007 年第 10 期。

[4] 朱晓虹,王品,金晶,等:《大学生在校创业对就业能力的影响》,《中国科技信息》,2012 年第 4 期。

心理健康教育

对高职院校艺术类学生思政工作中逆反心理的思考

公　瑜

摘　要： 高职院校艺术类学生在思政工作中存在逆反心理，这是一种普遍存在的现象。文章试图分析这种逆反心理存在的根源并提出相应的对策，提出只有不断改进思政工作的思路，加强个人的师德修养，尝试更多的教育与管理方式，才能对症下药，做好学生的思想政治教育工作。

关键词： 高职院校　艺术类学生　逆反心理

全国大部分高校都设有艺术类专业，艺术类专业学生是普通高校的重要组成部分，高职院校也不例外，但是他们自身的特点与所学专业的特殊性，使其与其他专业的学生形成了明显差异，他们的思想政治教育管理工作便成为高职院校思政教育需要特殊关注的问题。

一、逆反心理的含义

《心理学大辞典》里对"逆反心理"的解释是："客体环境与主体需要不相符合时产生的一种心理活动，即具有较强烈的抵触情绪。"也就是说，逆反心理是指客体与主体需要不相符合时，产生的具有强烈抵触情绪的一种态度。

思政工作中的"逆反心理"是指思政工作对象(学生)作为客体与思政工作者(教师)这一主体的需要不相符时,思政工作对象(学生)故意表现出来对思政工作者(教师)的要求或愿望抵触、反感、不遵从的一种心理或者行为,是为证明自我的独立性、自主性或为凸显自己的存在与价值。

二、高职院校艺术类学生逆反心理的表现

(1) 他们对学校规章制度冷漠,对思政教育抵触。面对思政教育者的正面宣传和引导,喜欢持怀疑态度,做反面思考,把老师的批评与教育当恶意,从而容易产生抵触、逆反的对抗心理。

(2) 他们对班级优秀学生及学生干部容易产生否定与排斥的态度,认为他们的优秀表现是刻意表现自己,否定他们的先进事迹。

(3) 自我意识强,集体荣誉感弱,喜欢我行我素。一部分学生对集体活动不关心,面对正面宣传态度消极。比如对班级的团日活动不感兴趣,以各种理由请假,对校级院级的各类文体活动,不愿意参与。把自己与周围同学隔离,喜欢宅在寝室,玩游戏,追美剧。对班级与学院的荣誉漠不关心,生活与学习上都不够积极阳光。

三、正确认识高职院校艺术类学生逆反心理的成因

(一) 学生自我意识强,集体意识弱,对思政教育排斥

高职艺术类学生大部分是"90 后"甚至"95 后",他们思维活跃,喜欢独立认识和思考问题,自我意识强,集体意识弱。他们所处的特殊成长环境,使得他们更具有批判精神,喜欢追求民主与自由,看待问题往往采用非传统道德的标准。面对思政教育工作,他

们往往不愿意受到制约与约束，把老师的批评教育当恶意，有排斥心理和逆反心理。

（二）网络传播的影响是造成逆反心理出现的主要原因

在这个信息大爆炸的时代，网络已经全面渗透到当代大学生的日常生活，影响着学生的生活态度和处事作风。网络是一把双刃剑，除了给学生提供学习、求知的新途径，也带来一些腐败、世俗、不良等负面能量。这个大背景下，对高校思政教育工作者来说，如何引导学生正确使用网络是一个长期而艰巨的任务。

（三）家庭环境与学校环境的双重影响

家庭环境对一个人的影响至关重要，一个孩子的成长会直接受到父母品行的好坏、道德素质的高低的影响。父母是孩子的第一任老师，良好的家庭环境在学生成长过程中起着潜移默化的作用。高职类的学生，很多家庭来自农村，父母或务农或从商，家长的文化水平不高，或者本身品行恶劣、作风不正派，忽视对孩子的家庭教育。另外，单亲家庭的学生也占了一定比例，或离异、或早逝，生活在此类家庭中的学生，更加需要特殊的心理辅导与人文关怀。还有一部分家长对孩子溺爱、百依百顺，这些都造成学生任性、叛逆，易在思政工作中产生逆反心理。

另外，高职院校的艺术专业与普通本科院校的艺术专业，不管在办学理念还是管理方式上都有很大差异。有的学生初入校园，心理出现落差，不能完全适应这种教育模式，或多或少会存在某种压抑感、挫败感。因此，学校环境也是造成学生逆反心理产生的一个重要因素。

（四）高职院校思政工作者教育与管理的方法

目前高校思政工作的主力军是“80后”的年轻辅导员，面对“95后”的学生，虽有年龄优势，容易相处，但各自生长的环境与接受的教育还是有很大差别。某些思政工作者对艺术类学生的特点不够了解，造成思政工作方法不得当，学生在思政工作中容易产生抵触、排斥的逆反心理。

高职院校思政工作者首先应该充分尊重学生，不说损伤学生自尊心的话，不当众羞辱学生；其次，不要把学生放在自己的对立面，而是以平等民主的方式进行沟通，学会换位思考，心平气和地面对学生的错误，耐心引导他们回归正道；最后，不要硬碰硬，自找难堪，通人情，讲道理，方法得当，对症下药，学会幽默智慧地进行思政教育。

四、艺术类高职学生思政教育和管理工作的对策

（一）尊重、肯定、理解高职院校艺术类学生个性心理的发展特点

高职院校艺术类学生既不同于高职院校非艺术类学生，也不同于本科院校艺术类学生，特殊的专业特点与个人经历，造就他们个性心理发展的特点。20岁左右的年龄，正是强烈需要被关注的阶段，有着迫切向周围的人证实自己的独立与成熟的愿望。

（二）根据高职院校艺术类学生的实际需求，不断更新教育内容

目前高校大一新生已经是“95”后的年龄，由于高职院校的艺术类学生喜欢张扬个性，同时也善于接受新颖事物，个人意识强，集体观念较弱，对他们感兴趣的活动，会积极主动参加，并能保质保量完成；对于他们不感兴趣的活动，便消极应付或者拒绝参加。针对这种情况，思政工作者应注意在思政教育的内容与形式方面做出必要的调整，选取他们感兴趣的事物作为切入点，从他们所关注的热点出发，这样才能吸引他们的注意力，让他们参与进来，最终使之认可并接受正面引导，从而达到思想政治教育的目的。

（三）结合高职院校艺术类学生的实际情况，不断完善管理体制

相对于本科院校而言，高职院校在管理制度上难免会存在一些不够成熟的地方，应尽量根据各二级学院的学生特点差异，在学生的管理制度上必须要有所区分，真正做到“以生为本”，只有“一切为了学生，为了学生一切”，在管理体制上，不断摸索不断改进，才能让学生从心底萌生热爱学校的情感，从而主动要求自己遵守校规，愿意接受思政教育。同时，思政工作的管理与方法，采取多表扬鼓励，少批评指责，多采用冷处理的方式面对学生的过错，不要硬碰硬，也可降低学生逆反心理产生的概率。

（四）充分利用网络做好思想政治教育工作

目前，网络已经全面渗透到当代大学生的日常生活，高职院校艺术类学生也不例外，因专业特点，他们可能更需要通过网络更快更及时地查找相关专业知识或展览比赛等方面的信息。当然，网络是一把双刃剑，由于过于依赖网络，从而沉迷于网络的学生数量日益增多。课堂上玩手机的现象屡见不鲜，寝室里追电视剧的女生越来越多，面对思政工作者的说教产生逆反心理的往往是这些学生。如何引导他们正确使用网络是一个任重道远的工作，思政工作者要积极利用网络进行正面宣传，引导学生走出寝室，多参与集体活动或户外运动，利用微信、QQ 与学生进行平等无障碍的直接交流，这样可以降低逆反心理的发生率。

（五）重视与学生家长的联系，共同做好学生的思政工作

家长是学生第一任老师，家庭和父母对孩子逆反心理的形成和发展，有着不可忽视的作用。家长的作风与生活习惯，对孩子会有潜移默化的影响，思政工作者应与学生家长保持联系，遇事多沟通、勤交流，才能齐心协力，共同做好学生的思想政治工作。一般而言，有着较高教育素质和能力的父母都会适当降低孩子逆反心

理的发生率。因此，家长也要加强自身学习，转变教育观念，变简单粗暴为循循善诱，学习用辩证的全面的发展的眼光看待孩子的问题，对孩子的教育与说教讲究艺术，避免硬碰硬，造成孩子的对抗心理。

（六）加强辅导员师德修养，提高自身素质，树立威信

在高校校园里，活跃着一批“80后”辅导员，他们目前已经是高校思想政治教育的主力军，面对这群“90后”甚至是“95后”的大学生，他们用自己的年龄优势开展思想政治教育，学生视他们如哥哥姐姐，但任何事物都有矛盾的两面性，“80后”辅导员的年龄优势有利也有弊，他们由于个人的社会阅历不够丰富，处事方式不够成熟，难免存在一些疏漏的地方。“90后”学生在面对“80后”辅导员开展思政教育，苦口婆心地说教与引导时，会产生对抗的逆反心理。年轻的辅导员应该以“学高为师，身正为范”严格要求自己，加强师德修养，提高自己的思政工作水平，成为一名集政治引导、生活指导、心理辅导等于一身的思政工作者，在学生中树立良好的威信，获取他们的信任，使他们心悦诚服地接受思政教育。

高职院校艺术类学生思政工作中的逆反心理，是普遍存在的现象，与其他心理现象一样，既可以恶性循环也可以良性转变，思政工作者们要正确对待，在思政工作中积极探求更多的思政工作管理方法，对症下药，努力做好高职院校艺术类学生的思想政治教育管理工作。

参考文献

[1] 顾明远:《教育大辞典》(增订合编本),上海教育出版社,1998年。

[2] 艾玉坤,易春玉:《高职学院学生逆反心理浅析》,《中国科教创新导刊》,2008年第16期。

[3] 王丽:《高职学生逆反心理初探》,《安徽工业大学学报》,2002年第19期。

[4] 叶陵波:《论网络时代下高校辅导员工作的创新》,《价值工程》,2013年第30期。

暴力游戏对青少年的负面影响及其对策

李建华

摘　要：随着电子时代的到来和电子科技的发展，电子游戏以其强大的表现力吸引了广大青年群体的目光，而其中暴力游戏占据着非常大的比例。文章将通过对暴力游戏特点的深入分析，阐明其对青少年产生的道德认知模糊、行为认知错位等方面的负面影响及原因，并从学校、家庭、游戏公司以及青年群体本身等角度出发，有针对性地提出对策，有效减少暴力游戏对青少年健康成长的不利影响。

关键词：暴力游戏　负面影响　青少年

随着电脑的日益普及，互联网在社会生活中扮演的角色越来越重要，80%的青少年走进了互联网世界，通过网络了解和搜集有用信息，享受互联网带来的便利，但也有一部分人过度沉迷于网络游戏，身心受到极大的影响，使老师、家长、学校、社会感到忧虑。美国有人做过统计：21 世纪初，一年的游戏销售量达 2 亿，2～17 岁的未成年人平均一周玩电子游戏的时间为 7 小时。在一项对四年级学生的调查中，59%的女生和 73%的男生报告，暴力游戏是他们最喜欢的游戏。在我国，《第 35 次中国互联网络发展状况报告》调查结果显示:2014 年我国网民规模达 6.49 亿,其中 10~19 岁的占 22.8%,20~29 岁的占 31.5%。2007 年在美国发生的两起命案不得不引起人们对青少年玩暴力电子游戏的深刻反思。为此,有必要对网络游戏,尤其是暴力网络游戏对青少年的影响进行研究,以使他们趋利避害,在网络时代能够健康成长。

一、暴力游戏对广大青少年的负面影响

(一) 暴力游戏对广大青少年心理健康的危害

1. 弱化广大青少年的道德意识

玩暴力游戏易使青少年形成一种以“自我为中心”的价值理念。集体意识普遍淡薄,个人自由主义思想膨胀,带有“去社会化”的倾向,容易形成“网络孤僻”等症状。暴力信息弱化了青少年正确的思想、道德意识,误导了广大青少年的行为。长期接触暴力游戏会使青少年分不清虚拟与现实生活的差异,错误地认为这种通过伤害他人而达成目的的方式是可行的,进而形成暴力的价值观。

2. 误导青少年的认知模式

玩暴力电子游戏不仅教会青少年实施暴力行为,且降低了他们对自身行为破坏性后果的敏感度。暴力游戏对于思想不成熟、辨别能力不强的未成年人而言,“长期接触这种杀戮的血腥场面,对青少年行为最大的影响就是容易使其发生认识上的偏差”。美国学者默顿提出了“自我实现性预言”的概念,即因最初对状态的错误理解而形成的一种错误的社会态度,可能导致真的变成社会现实,公众对社会实况的认知和评价,很大程度上取决于媒体所呈现的信息,这种信息成为形成道德伦理观念和对社会进行价值判断的主要资源。我国学者也认为如果长期接触暴力活动和暴力行为会对人的行为产生极大的影响。

（二）对青少年的生理机能影响

暴力电子游戏会给青少年的大脑带来负面影响，包括情绪激化、注意力集中能力下降等。一项研究对玩过暴力电子游戏的青少年的大脑与没有玩过暴力电子游戏的青少年的大脑进行了对比，结果发现，在脑部的某些领域，两者的活动水平出现了差异。研究员让34名少年玩30分钟的电子游戏，其中有的游戏是暴力的，有的是非暴力的。然后，用功能性核磁共振成像技术对他们的脑部活动进行测试，检测他们对代表暴力行为和非暴力行为的词汇的反应，以及注意力集中的情况。检测结果发现，玩了暴力电子游戏的人，额叶前部的活动水平较低，脑的这部分功能主要负责抑制、注意力集中和自我控制等行为；而负责情绪激动的杏仁核的活动水平较高。

二、网络暴力游戏对青少年产生影响的原因

广大青少年对游戏的深度沉迷是暴力游戏对青少年产生影响的前提。目前，已有1 000多项研究以压倒性的优势指出，在一些青少年身上，确实存在游戏暴力与青少年攻击性影响之间的因果关系。主要原因包括以下两方面。

（一）网络游戏的成瘾性

网络游戏是高科技的产物，具有新颖性、互动性、开放性、虚拟性、娱乐性、新异性等特征，网络游戏给青少年呈现出一个全新的世界，他们可以进入到自己的精神和另一个或一组人的精神相合一的状态，可以攻击他人等，游戏具有难以抗拒的魅力。而对真实世界的模拟是对未成年玩家最大的吸引，现代人内心对传统道德的潜在反叛在网络游戏里可以被无限纵容，这种逼真但比现实更自由的世界自然具有无穷的魔力，引得无数人趋之若鹜；而更大的魅力在于网络游戏里可以肆意放纵恩怨情仇，当今社会激烈的竞

争给人带来巨大压力,大家需要一个地方宣泄情绪,而青少年承载着社会和家长的双重压力,他们更需要宣泄。因此,网络游戏里肆意杀戮的快感和尊贵感正好满足其需要。更重要的是,在虚拟世界里,人可以为所欲为而不要承担任何责任。这种快意恩仇的感觉具有"致命的诱惑",深深地吸引着青少年,使他们沉迷其中不可自拔。

(二) 现实生活的压力

心理学指出,人的自我实现的需要是最高层次的需要,因此在现实中不能得到很好的实现的人们可以到网络游戏中,充分展现自己的才能,达到实现自我的需求。有的青少年在现实中得不到老师重视,家长也不关心,学习成绩等各方面都表现平平;但在网络游戏中却表现得相当高明,从而获得成就感和认同感。有些学习失败的孩子在日常生活中有很强的挫折感,而网络游戏却能让他们体验成功——哪怕只是虚拟的成功;有些成绩曾经很好的孩子,在应试教育的体系里,因为有时无法保持原有的名次或受到老师的批评、训斥,对学习的目标失去方向,而在网络里找寄托;有些家庭关系不和谐的孩子,在家庭里得不到温暖,通过网络游戏却可以交很多朋友,这种反差让孩子躲进了网络游戏世界里。

网络游戏中所获得的成功和满足感可以弥补他们在现实生活中的缺失,渴望成功是青少年群体的普遍心理,成功也是他们追求的人格品质。青少年网络游戏成瘾问题与此紧密相连。对于相当多青少年而言,他们面临着巨大的学习压力和人际交往的困扰,如果成绩一般,又没有什么朋友,想自我表现又没有什么特长,更容易导致自我评价降低,加剧自卑心理。而在网络游戏里,有许多同病相怜的人可以给予安慰和支持,心灵找到了归属和依靠,因此不由自主地在网络游戏里越陷越深,并受到网络暴力游戏中暴力行为潜移默化的影响。

三、克服暴力游戏对青少年负面影响的对策及建议

著名安全专家贝克尔曾写了一本名为《自卫书》的书，其中有一章便是《危险之六：青少年暴力》。该书的题词说："今天，小孩在18岁之前，从媒体上目睹的暴力行为有20万件。所以，他们也回报社会各种自杀、杀人、弑亲等行为，他们的命运要如何改变？"所以，我们不得不思考，应该采取什么措施，才能有效地减少暴力游戏对青少年的负面影响。

（一）学校与家庭、社会共同协作

1. 学校发挥积极的思想政治教育功能

（1）学校应该开展心理健康教育，改变学生错误认知，发挥思想政治教育的优势，给学生造就一个健康、文明的网络环境。暴力游戏常常宣扬"以暴制暴""有仇必报"和"武力决定一切"等错误观念，如果青少年长期接触这种游戏，就会认为暴力是广泛存在的并且是合理存在的，不自觉地认为暴力是解决问题的有效途径。因此，学校应该经常性地开展心理健康教育工作，把思想政治教育心理学纳入到专业学科上来，改变青少年对待暴力的错误认知。

同时，对严重沉迷于暴力游戏的青少年学生，要及时发现、了解其沉迷于暴力游戏的原因及沉迷程度，在给予他们关怀的同时，定期对他们进行心理辅导。

（2）丰富青少年的文体生活和业余生活，使他们的业余生活充实起来，无暇沉迷于网络暴力游戏中。加强对青少年的闲暇指导，引导学生逐步树立起科学的闲暇意识和闲暇状态，合理安排自己的空余时间。通过对闲暇时间的充分利用促进其思想品质的提高，养成良好的个人爱好、兴趣。

面对高速发展的互联网技术时代，青少年学生一定要在接触中了解，在了解中热爱，绝对不能把他们人为地隔绝在网络之外。

因此，我们应当营造健康的“校园网吧”，让他们在校园里上网。

2. 家长配合学校进行积极的监督和有效的疏导

由于缺乏社会资源的配合和自身教育水平的局限，家长在反对子女使用暴力游戏过程中，主要采用“围追堵截”的方式。而青少年正处于叛逆思想比较活跃的时期，家长使用围堵的方式，很可能会导致孩子与家长之间出现严重的对立。所以父母应该积极引导孩子，加强与子女的思想沟通，了解、掌握子女成长的思想动态与心理需求，及时发现他们的不良思想及行为并及时加以纠正，尤其是带有极端的反社会思想与暴力倾向的行为。同时，家长们可以采取有效的方法，如限定子女玩游戏的时间；把电脑放到父母容易观察到的地方，不要放在孩子卧室里；如果孩子在一段时间内不接触暴力游戏，就给予一定的奖励；转移子女对游戏的兴趣，鼓励其参加体育文娱活动等，减少子女与暴力游戏接触的时间。当然，也可以观察子女所玩的游戏和进行的活动，并通过亲自体验的方式，保证游戏内容健康安全。

（二）游戏开发商及网吧管理人员的防御

游戏厂商要加强自律，严格遵守相关法律法规，根据已设定的游戏等级标准准确地给自己的游戏产品贴上等级标签，并在说明书中具体解释这种游戏等级系统以及严格按等级划分使用游戏产品的重要性，确保游戏内容安全。在研发网络游戏时，要考虑所开发的产品不仅要满足青少年休闲的需要，还应当满足他们开启智慧的高层次需要，努力把网络游戏打造成有丰富文化内涵、传播知识和文明的渠道。

网吧管理人员要严格执行《互联网上网服务营业场所管理条例》中所规定的未成年人禁止进入网吧；网吧不得开设在中小学200米以内的范围内和居民住宅楼（院）内等制度，规范互联网上网服务行业，保障青少年的身心健康。

(三) 有关部门的有效干预

1. 政府部门加强日常监督力度

政府部门应当加强对网络暴力游戏内容的监督和管理,净化网络环境、提高网络文明水平。一方面对那些有益于青少年身心健康的游戏进行宣传、扶持和奖励,加强对电子游戏的审查和监督,根据现有规定,对违法违规的游戏厂商和网吧进行查处并加大处罚力度,问题较严重的,要责令其停业整顿,甚至予以取缔。公安、文化部门应加强对网吧的管理和检查,防止未成年人进入网吧,并对网吧所安装的游戏进行经常性检查,杜绝暴力游戏在网吧中泛滥。同时,应在全社会范围内,建立健全网络安全监督机制,切实维护一个良好的网络游戏环境。

2. 完善相关立法、加强制度保障

法律规制网络游戏是预防暴力游戏对青少年产生负面影响的关键。目前我国已颁布实施的关于网络游戏的规范性法律文件有二十余部。然而,现有的法律、法规仍然存在一定的局限性,网络游戏法律规制还存在完善的空间。如果相关法律对网络游戏的暴力性程度进行分级管理,并在暴力性游戏玩家登陆采用实名制、限制玩家每日游戏时间等方面予以细化规定,对违反法律、法规的法律责任加以确定,对于网络游戏特别是暴力游戏的管理将更加全面,为防控青少年暴力性犯罪提供了有力的法律保障。

(四) 青少年要提高自身素质,严格要求自己,远离暴力游戏

家长、学校和社会的作用至关重要,但青少年的自身素质也不容忽视。青少年要自觉提高自身修养,树立正确的世界观、人生观、价值观。积极追求健康文明的活动,遵守法律规定,远离低级暴力游戏和暴力文化,做到文明上网,切实提高自己的素质,这样才能从根本上减少暴力游戏对青少年的不良侵蚀和腐化。

四、小　结

梁启超在《少年中国说》里写道:“少年智则国智,少年强则国强,少年进步则国进步。”青少年是国家的希望,他们的健康成长事关国家的未来。目前越来越多的青少年因沉迷于网络暴力游戏而走上犯罪的道路,这实在让人担忧。梁启超还说道:“使举国之少年而果为少年也,则吾中国为未来之国,其进步未可量也。”因此,我们要努力减少暴力游戏对青少年的负面影响。

遏制青少年接触网络暴力游戏,是一项艰巨的、事关青少年健康成长的工程,不仅需要政府相关部门、游戏公司、学校以及家长互相配合、互相合作,营造良好的网络环境,而且需要青少年提高自身的道德文化修养及辨别是非的能力,树立正确的人生观、价值观,使其自身的发展符合国家和社会的需要。

参考文献

[1] 孙占利:《网络暴力游戏的影响及对策》,《新闻爱好者(理论版)》,2008 年第 6 期。

[2] 邱小艳:《浅析暴力电子游戏对青少年的负面影响》,《中国校外教育:理论》,2011 年第 2 期。

[3] 刘桂芹,刘衍玲,张大均:《暴力视频游戏对青少年的负面影响及其应对预措施》,《教育探索》, 2010 年第 5 期。

[4] 牟建红:《网络暴力游戏对青少年暴力行为的影响》,《甘肃警察职业学院学报》, 2008 年第 1 期。

[5] 燕道成:《论暴力电子游戏对青少年的影响》,《中国青年研

究》,2008 年第 10 期。

[6] 郭晓丽,江关荣:《暴力电子游戏对儿童及青少年的影响研究综述》,《中国临床心理学杂志》,2007 年第 15 期第 2 卷。

[7] 张春燕:《暴力性电子游戏对青少年攻击行为的影响》,《社会心理科学》,2006 年第 4 期。

[8] 周志宏:《视频暴力游戏对青少年攻击性影响的研究》,上海师范大学硕士论文,2006 年。

关于大学生内隐性别刻板印象的研究综述

余媚娜

摘　要: 内隐性别刻板印象是指内省不能确知的过去经历(内隐记忆)影响着个体对一定社会范畴的男女成员的特征评价。国内外对内隐性别刻板印象的有关研究证实了这种刻板印象确实广泛存在。文章主要从内隐性别刻板印象的相关研究发展、研究方法,及其对大学生职业认知和评价的影响等方面进行了梳理。

关键词: 内隐性别刻板印象　内隐联想测验　职业偏见　成就动机

一、引　言

刻板印象一直以来都是社会心理学领域长期令人瞩目的研究焦点之一,刻板印象是指社会上对某一个群体的特征所做的归纳、概括的总和,包括种族刻板印象、职业刻板印象、性别刻板印象等。前人相关研究表明:刻板印象影响了个体对相应群体成员的各种判断,如对模糊行为的解释、成败归因、与职业有关的决定等。因此对刻板印象的研究在整个心理学的应用发展中有着重要意义。

性别刻板印象是刻板印象的一个重要组成部分,是一种特殊的社会刻板印象,因为持有刻板印象的男性和女性群体同时又是刻板印象的对象。[1]在对大学生的性别刻板印象的调查研究中发现,这一刻板印象不仅男性大学生持有,也同样为女性大学生所持有。这些结果显示,现代大学生的性别观念仍与男尊女卑的传统思想有一脉相承的联系。而且这种刻板印象常与职业定位、社会角色联系在一起,如近年来大学生在求职时常遭遇用人单位的性别歧视,女大学生就业难一时成为社会关注的话题。因此,性别刻板印象是与社会各领域息息相关的,是刻板印象研究的重点。

同时,随着内隐社会认知研究领域的迅猛发展,研究方法的不断创新与完善,使得人们能以新的视角对刻板印象进行考察,研究者发现了性别刻板印象的实验性分离发生。人们日益认识到:个体对社会信息的加工不仅体现在外显过程中,而且还表现在内隐的无意识的加工过程中。这种男优女劣的内隐加工过程就是无意识的。本文主要从内隐的层面,以性别刻板印象为研究视角,对有关内隐性别刻板印象的相关研究做一些归纳和总结。

二、内隐性别刻板印象概念及其研究发展

(一) 内隐性别刻板印象概念

内隐研究所关注的焦点是:个体的无意识成分是否参与了有意识的社会认知加工过程。内隐性别刻板印象(implicit gender stereotyping),指内省不能确知的过去经历(内隐记忆)影响着个体对一定社会范畴的男女成员的特征评价。区分社会群体成员的明显特征是人种和种族、性别、年龄等级及与肤色、外貌特征、穿着、口音、体质能力相联系的特征和人格特征。

(二) 内隐性别刻板印象的研究发展

内隐刻板印象的研究目的就是识别在社会判断中这些特征的无意识使用及随后产生的结果。自内隐记忆的提出,关于内隐性

别刻板印象的研究就没有停息过。从一开始 Jocoby 的名望判断研究,到后来的对男女攻击性和依赖性的研究,这块领域正逐渐被研究者挖掘。国内外的大量研究者也在这方面取得了一些进展。

1. 国外研究发展

首先 Jocoby 和 kelly 进行了名望判断的内隐记忆研究。让被试读一个列有著名人物和非著名人物的名单,24 小时后,给相同的被试呈现第一天见过的和未见过的非著名人物名单,判断哪些是著名人物,被试倾向于把见过的非著名人物判断为著名人物,实验者称之为非著名人物"一夜成名"现象。他们通过对两性的名声判断研究发现,被试对男性姓名的判断标准低于对女性姓名的判断标准,即更倾向于将男性视作更著名一些。[2]

Banaji 和 Greenwald 利用 Jocoby 的实验程序进行了内隐性别刻板印象研究。他们将非著名人物的姓名改为易辨的男性或女性,将数据转化为成功率(著名人物被判断为著名人物的比率)和虚假警报率(非著名人物被判断为著名人物的比率),结果表明:男性的成功率高于女性,男性姓名的虚假警报率高于女性,这说明男性的成功率更大这一内隐性别刻板印象是广泛存在的。[3]

Banaji 等对男女的攻击性和依赖性进行了研究。结果证实了实验预期:实验所激活的特质(攻击性或依赖性)对与之具有刻板印象适宜性的范畴(男性或女性)产生影响。在攻击性判断的实验中,接触攻击性行为描述启动的被试比接触中性启动的被试更容易将男性判断为攻击性的,对女性目标判断则不存在这一效应。在依赖性判断实验中,接触依赖性行为描述启动的被试比接触中性启动的被试更容易将女性判断为依赖性,而在相同行为启动中则不会将男性判断为依赖性。实验证实,性别刻板印象调节着、甚至可能决定着对特质—启动效应的预期。[4]

2. 国内研究发展

在我国，葛明贵采用男性和女性的人格特征词为实验材料研究内隐性别刻板印象。发现被试对男性和女性的人格特征词的外显记忆没有表现出差异。但对男性和女性的人格特征词的内隐记忆差异显著，突出表现在对“女性加工的精细化”和对“男性加工的相对宽松化”上。造成这种对女性目标词加工精细化的原因在于人们头脑中存在的对女性的不公正态度。通过直接的测量不能了解到，其发生作用是主体没有明确意识到的，人们普遍存在一种对女性的苛求态度。研究者称之为“内隐刻板印象”。[5]

周爱保在研究信息的性质对内隐社会印象的影响时发现在以男性为主的社会中，社会对男性的要求更为苛刻，对女性形成的社会印象更为消极，表现出“歧视性的内隐性别偏见”，证明性别刻板印象在两性中都存在，只是表现方式有所不同。[6]

三、内隐刻板印象研究方法进展

随着认知心理学研究方法的进步，社会认知的研究方法也随之更新，新的研究方向也层出不穷。社会认知的研究方法就经历了从直接测量到间接测量的演变过程。到20世纪90年代为止，社会认知的研究大多停留在直接测量的阶段，由于当时社会认知领域普遍假设态度是按照有意识模式进行操作的，所以直接地测查意识水平知觉成为那个阶段研究的主要方法。但是直接测量法只能对意识水平之上的态度进行测量，对无意识操作的内隐态度则无能为力。而内隐记忆研究方法的形成与发展，使越来越多地间接测量方法被引入社会认知的研究领域。其中比较典型的有投射测量、加工分离法、内隐联想测验。

（一）投射测量

投射测量是指个人把自己的思想、态度、愿望、情绪或特征等，不自觉地反应于外界的事物或他人的一种心理作用。McClelland等人要求被试在对模糊照片或图画的反应中生发故事或对抽象的刺激生发描述的研究方法。他们利用对内隐动机的投射测量与对外显动机测量之间的比较得出结论，认为投射和直接测量所评估的对象是不同的。[7] Spangler在使用元发现方法对成就动机的研究中也得出了同样的结论，认为对成就动机的投射测量要比与之平行的问卷调查测量有更高的预期效度。[8]

（二）加工分离程序（Process to Dissociation Proce-dure，PDP）

加工分离程序最初是由Jacoby提出的，旨在对意识与无意识加工贡献进行定量分析。Jacoby等人根据实验指导语设计了两类测验，一类是包含测验（inclusion test），要求被试首先考虑用先前学习过的信息来完成测验；另一类是排除测验（exclusiotest），要求被试选用首先进入意识但又不能是先前学习过的信息来完成测验。在排除测验中包含这样一种测验逻辑，即无意识加工提高测验成绩而意识加工则起相反作用。加工分离程序的逻辑思想可以用如下方程组表述，即 $\mathrm{Cov}(P_c, P_u) = 0$。

（1）在包含测验中 $P_i = P_c + P_u(1 - P_c)$；

（2）在排除测验中 $P_e = P_u(1 - P_c)$。

由（1）和（2）可知 $P_c = P_i - P_e$

$$P_u = P_e/(1 - P_c)$$

式中，P_i 是包含测验中用学习过的材料来完成测验的概率，P_e 是在排除测验中用学习过的材料完成测验的概率，P_c 是通过意识加工而完成测验的概率，P_u 是通过无意识加工而完成测验的概率。根据 P_i 和 P_e 能计算出 P_c 和 P_u。

加工分离程序的基本假设前提是认为意识与无意识加工是两个相对独立的心理过程，刘素珍等在1997年使用加工分离的方法对刻板印象的形成因素进行了研究，实验采用三因素3（字：黄/白/

黑）×2（加工方法：概念/数据）×2（测验方法：再认/偏好）混合设计，因变量为旧字符的检出率。结果发现刻板印象可以再分离为意识和无意识两个层次。[9]王沛等也运用加工分离的方法讨论刻板印象与内隐推理效应，实验采用2（加工方法：概念/数据加工）×3（材料：控制句/刻板句/反刻板句）×2（测验方法：再认/回忆）的混合设计。结果发现刻板印象启动的内隐推理直接影响到不同句式的记忆，同时发现内隐推理不受意识水平高低以及具体的记忆任务的影响。

（三）内隐联想测验（Implicit Association Test，I-AT）

内隐联想测验是用来测量概念间自动化联系强度的一般用途的程序，是1998年Greenwald提出的。其原理是，在生理上，以神经网络模型为基础；在认知上，内隐联想测验以态度的自动化加工为基础，包括态度的自动化启动和启动的扩散。这种方法包括5个步骤：① 被试通过按键反应把呈现的项目分为两类来练习对靶子概念的判别；② 对与两类靶子概念相联系的属性词进行分类判断；③ 通过按键，按照指导语，对靶子和属性词同时进行分类；④ 与①相同，只是按键正好相反；⑤ 与③呈现的内容相同，要求反应的按键相反。内隐联想测验中的概念词与属性词之间有两种可能的关系：相容（二者的联系与被试的内隐态度一致，或对被试来说二者有着很强且合理的联系，被试的反应就快）与不相容（反之相应的反应就慢，反应时就加长）。内隐联想测验主要通过反应时之间的差别，来实现对内隐态度的测量。[10]蔡华俭等运用内隐联想测验对大学生的性别学科刻板印象进行了研究，发现不管大学生的性别和专业如何，都显著地把理工科和男生相连，把人文学科和女生相连。

但内隐联想测验也有其自身的局限性。它比较适合于对目标类别的比较，如男性/女性、老人/年轻人，或者是对不同对象的偏好比较，如对高热量食品与低热量食品的比较，在使用内隐联想测验作为研究方法时需认识到该方法依赖于两个互相竞争的目标，对其数据不能分开进行分析，对其结果的推断具有一定的限制。

四、内隐性别刻板印象对大学生的职业评价和认识的影响

大学生作为社会发展的储备力量，他们对于职业的评价和认识直接影响着他们将来的就业和社会的总体发展。虽然随着社会的进步，许多以前为男性所统治的工作领域也开始为女性所从事，全社会也在倡导工作没有高低贵贱之分，各行业的人员都是平等的价值观。然而在实际社会环境中，大学生作为一个思想更开放的群体，内隐的职业性别刻板印象和对不同行业的偏见态度依然广泛存在。

（一）大学生内隐职业偏见

从诸多实验者的研究结果可以看到，现代社会中，过去的传统思想对人们的影响依然存在，即使是接受高等教育的大学生对于不同的职业的评价也存在着优劣之分。具体表现为，对从事专业技术工作人员的评价更积极，而对从事服务行业的人员的评价更消极。值得注意的是，这种职业态度的偏见不是通过外显的直接报告，而是通过对内隐态度间接测量得到的。在外显的报告中，被试对专业技术人员和服务业的从业人员都给出了更多的积极评价，两者无显著差异，大学生们都表现出了符合社会价值期望的判断，即无论是对专业技术工作人员，还是服务行业人员都给出了积极的评价，而间接测量的结果正好相反。结合内隐指标的有关检验结果，与对不同职业的评价相同，在对职业性别的判断上，大学生也表现出了内隐态度与外显态度的分离，也就是在间接测量中，被试更倾向于把专业技术职业与男性联系起来，把服务业与女性联系起来。[11]

（二）内隐性别刻板印象对女大学生成就动机的消极影响

从大学生职业性别刻板印象的调查研究中得出的结论，女大学生这个群体有其自身的特点，既有追求事业成功的期望，同时也存在对于失败的顾虑和担忧，呈现出矛盾性。进一步对大学生成就动机进行研究调查，发现大学生的成就动机存在一定程度的性别差异，表现为男生的成就动机高于女生。

实际上内隐性别刻板印象对自我发展的影响也是不可忽略的。其对于女大学生的消极影响主要表现在以下几个方面。

（1）内隐性别刻板印象导致女性自我评价偏差，从而产生较低的成就动机。有关调查表明，相当数量的女性同样对自身比较轻视。她们中有一部分人看不到自己的社会价值，对自身的期望值过低，而过低的自我评价又必定会影响女性走向成功的信心，导致自我成就动机弱化。

（2）隐性性别歧视是女大学生成就动机弱化的根源。在国家法律明令保障妇女权益的今天，隐性的性别歧视却屡见不鲜。女大学生在就业机会方面仍受到不同程度的歧视。女大学生就业难已成为一个突出的社会问题。这些是导致女大学生自信心减弱、成就动机弱化的重要社会原因。

（3）内隐性别刻板印象会造成女大学生自我激励不足。女大学生消极的无意识刻板印象使其在选择目标时易于偏低，会很自然地对自己说根本不必为实现这类目标全力以赴。长此以往，调动自己全部潜能去力争成功的欲望必然会逐渐下降甚至消失。

（4）内隐性别刻板印象影响女大学生内省的自觉性，从而导致较低的成就动机。从女大学生的现状来看，其内省的自觉性严重不足，突出地表现在其摆脱传统女性形象的步履过于迟缓。比起社会外部束缚的改变情形来看，女大学生的自身变化是缓慢的。批判性反思处于一种沉睡状态，严重影响了女大学生潜能的发挥和才能的表现,导致她们的低成就动机。[12]

五、小 结

综观上述有关内隐性别刻板印象的研究成果及发展,发现性别刻板印象确实存在,而且这种内隐性别刻板印象所导致的个体对一定社会范畴的男女成员的特征评价的影响也是不容忽视的。在对内隐性别刻板印象的研究方法上,社会认知神经科学目前还处于横向拓展阶段,今后的研究方向需要纵向深入发展,需要社会认知科学与认知神经科学的紧密合作。另外,随着方法的进步,内隐性别刻板印象所涉及的研究领域会进一步拓展,被试人群将从大学生身上转移到更广泛的年龄层次和社会领域。目前所研究的范围主要是对职业性别刻板印象的认识和判断,今后可能更广泛推及内隐性别刻板印象的应用领域,如人际交往尤其两性沟通、亲子沟通教养、学校教育问题方面。

参考文献

[1] Hilton J. L, Hippel W. V. Stereotypes Annual Review of Psychology. 1996.

[2] Jocoby L. L, Kelly C. M. Becoming Famous Overnight. Limits on the ability to Avoid Unconscious Influences of the Past. Joural of Personality and Social Psychology, 1989, 16(2).

[3] Banaji M. R, Greenwald A. G, Implicit Stereotype and Unconscious Prejudice in: Zana, M P, Olson, J M, Psychology of Prejudice, The Ontario Symposium, 1994(7).

[4] Banaji M. R, et al. Implicit Stereotyping in Person Judgment. Joural of Personality and Social Psychology, 1933, 65(2).

[5] 葛明贵:《性别加工的记忆效应与内隐性别刻板印象》,《心理科学》,1998 年第 3 期。

[6] 周爱保:《信息的性质对内隐社会印象的影响》,《心理科学》,1999 年第 22 期第 6 卷。

[7] Mc Clelland J. L, Rumelhart D. E. An Interactive Activation Model of Context Effects in Letter Perception: Part 1. An Account of Basic Findings. Psychological Review, 1981, 88(4).

[8] Spangler W. D. Validity of Questionnaire and TAT Measures of Need for Achievement: Two Meta-Analyses. Psychological Bulletin, 1992, 112(2).

[9] 刘素珍,杨治良,龚佃祥,等:《刻板印象:是否可以再分离》,《心理学报》,1998 年第 30 期第 3 卷。

[10] Greenwald A. G, Mc Ghee D. E, Schwartz J. L. K. Measuring Individual Differences in Implicit Cognition: The Implicit Association Test. Journal of Personality and Social Psychology, 1998.

[11] 于泳红:《大学生内隐职业偏见和内隐职业性别刻板印象研究》,《心理科学》,2003 年第 26 期第 4 卷。

[12] 程萍:《内隐性别刻板印象对女大学生成就动机的影响》,《武汉理工大学学报(社会科学版)》,2006 年第 19 期第 4 卷。

学工队伍建设

基于胜任力的高职辅导员培训体系构建探析*

——以杭州科技职业技术学院为例

汪灿祥 蔡雪飞

摘 要： 高职辅导员队伍的专业化和职业化建设需要进一步探索高职辅导员培训体系，提升辅导员的职业胜任力。文章在对杭州科技职业技术学院辅导员队伍胜任力情况和培训现状分析的基础上，从相关概念内涵、培训需求分析、培训计划制订和落实、培训制度、培训效果评估与反馈、培训成果转化等方面全面探讨了基于职业胜任力的高职辅导员培训体系构建。

关键词： 胜任力 高职院校 辅导员 培训体系

一、问题的提出

当前，我国职业教育改革已经进入一个新的历史时期，对高职教育如何适应现代社会新发展、培养应用型人才提出了新要求。

---

* 杭州科技职业技术学院2012年度思政工作研究专项重点课题《基于胜任力的高职辅导员培训体系构建探析——以杭州科技职业技术学院为例》成果（项目号：HKYSZZD—2012—1）。

这既是高职院校发展的新机遇，也是对高职院校教学模式、管理模式等方面的新挑战。其中，担当着培养高职院校人才重任的辅导员队伍建设也面临着新的挑战。

辅导员是高职学生工作最基层的教育者、引导者、组织管理者和协调者。辅导员的专业化、职业化是高职辅导员队伍建设的一个必然选择，也是克服其边缘人地位的根本途径。建设一支专业化、职业化的辅导员队伍对促进高职院校学生思想政治教育工作的稳步、健康、持续发展意义重大。其中，辅导员职业胜任力的高低，直接影响辅导员的成长、发展、工作绩效与职业稳定性，也直接关系到高职人才培养的质量。要推动辅导员队伍的专业化、职业化，需要从探索高职辅导员培训体系入手，大力提升辅导员的职业胜任力。

中共中央16号文件出台后，各级教育主管部门和高等学校开始重视对辅导员培训模式和方法的探索。但有关学者在全国范围内对辅导员培训现状的调查显示，高职辅导员培训的总体状况并不理想。有关研究者对全国103所高职辅导员队伍建设状况的专题调研显示，大部分高职院校没有制订辅导员培训和培养计划，仅有67.6%的高职院校对辅导员进行过岗前培训，大多数高职院校缺乏日常的专业培训，也没有建立起相关的培训机制。目前仅有少数研究者尝试从胜任力角度研究普通高职院校的辅导员培训，从胜任力角度研究构建完善的高职辅导员培训体系的还不多。

因此，积极探索科学有效的基于胜任力的高职辅导员培训体系，以满足高职教育实际需要显得尤为必要。本研究以杭州科技职业技术学院（以下简称“杭科院”）为调研样本，探索构建基于胜任力的高职辅导员培训体系。

二、杭科院辅导员队伍及培训现状分析

(一) 辅导员队伍现状

1. 辅导员队伍基本状况

(1) 数量基本配足,师生比基本达标。全校学生近 8 000 人,现配备一线专职辅导员

39 人,总体上符合教育部相关文件规定,达到专职辅导员按 1∶200 的师生比例配备,保证每个院(系)都有相应数量的专职辅导员。

(2) 队伍结构不尽合理,年轻化程度较高。辅导员男女比例基本均衡(男性占 48.72%,女性占 51.28%);年龄大多在 25 岁至 34 岁之间(25~30 岁的占 87.18%,31~34 岁的占 12.82%);从工作年限看,绝大多数辅导员有 2 年以上工作经验,3~5 年工作经验的占 15.38%,超过 6 年工作经验的仅有 2.56%。

(3) 日常工作繁忙,工作强度大。辅导员每天工作内容包括学生思想政治教育、学风建设、党建团建、创新创业和日常事务管理等,并通过微博、微信、QQ、飞信、贴吧和人人网等网上交流方式动态开展学生工作,这不仅占用了辅导员上班时间,更占用了大量业余时间。面对繁杂的工作,辅导员处在高强度的工作负荷中,大多数辅导员每天的工作时间都在 9 个小时以上,带新生的辅导员则工作超过 12 个小时。

2. 辅导员现有能力与胜任力要求的差距

通过对杭科院辅导员所带学生、办公室同事、分管学生工作领导等发放调查问卷来评价辅导员目前的胜任力水平,我们发现辅导员现有能力水平总体来说与胜任力要求仍存在一定差距。

(1) 学历虽较高,专业知识缺乏。辅导员胜任力模型表明优秀绩效的辅导员应该有一定的思政知识、党团知识、心理知识、管

理知识、教育知识、法律知识和就业指导知识，知识面宽泛，涉及多个知识领域。杭科院辅导员中具有硕士研究生以上学历的有32人，占到总数的82.05%，学历层次已经很高，但调查显示，62%的辅导员表示对胜任力要求涵盖的7个知识领域都存在不同程度的欠缺，心理知识、管理知识、法律知识、就业指导知识尤其缺乏，思想政治教育功能发挥不显著，给系统化、专业化地开展工作带来挑战。

(2) 工作经验少，工作能力不足。辅导员的工作任务是要全面教育、管理和引导学生，辅导员的工作对象是学生，是有思想、有个性、有感情的鲜活个体，工作过程其实就是辅导员与学生之间相互交流和促进的过程，这就要求辅导员拥有面对"人"所具备的众多技能。因为辅导员大多数比较年轻，工作经验和社会经验也比较少，面对庞大的学生群体所出现各种各样的问题，56%的辅导员表示在处理突发事件时，解决问题能力方面表现出不足；在实际工作中，25%的辅导员人际沟通与协调能力不全面。

(3) 职业态度与品质有待提升。辅导员的工作成果具有价值隐含性、滞后性、长期性等特点，工作成绩容易被社会所忽视，进而影响到辅导员的社会地位和社会认同。辅导员工作"说起来重要、做起来次要、忙起来不要"，这种对职业的误解和偏见在一定程度上影响了辅导员的职业认同感和归属感。此外，辅导员的工作环境、收入待遇等问题，也对辅导员的工作态度有着间接的影响。众多因素造成了辅导员的心理波动。调查显示36.2%的辅导员在服务意识、责任心、积极主动、关爱学生等项的测试上不尽如人意，职业品质有待提升。

(4) 自我调节能力有待提高。杭科院辅导员希望通过自己的努力促成学生的进步，渴望得到学生和家长的理解，得到上级领导的重视和认可，他们也非常希望能有更多的时间加强学习，从事专门的思想政治教育。然而，现实工作中辅导员常常是“两眼一睁，忙到熄灯”，大量的学生事务性工作占去大部分工作时间，使得他们放在从事学生思想政治教育本职工作上的时间和精力受到很大影响。理想与现实的矛盾、繁忙的工作使25.8%的辅导员在自我调节方面出现不和谐心理，主要表现在不能很好地调节情绪和承受压力，对工作缺乏耐心，遇到突发事件不能沉着冷静。

(5) 性格有待优化。“90后”大学生思维活跃，兴趣广泛，比较喜欢性格外向、热情乐观、幽默风趣并有一定特长的辅导员，而现实中15%的辅导员由于性格内向、兴趣爱好较少，在外倾性胜任力方面未受到好评。

(二) 辅导员培训现状分析

培训可以有效提升辅导员的胜任力，提高他们的知识能力以及职业态度。然而，目前杭科院辅导员队伍建设虽然得到重视，却因种种原因尚未构成完整的辅导员培训体系，存在以下方面问题：

(1) 缺乏系统的辅导员培训体系。体系之形成，正是认识程度向科学系统深化、重视程度向行动意愿提高的过程。杭科院针对辅导员队伍建设出台了相关制度，如《辅导员队伍建设与管理办法》等，但是，关于辅导员的培训内容部分由于比较简单笼统，使得人们对辅导员培训目标的理解不够深刻。而在现实工作中，比较依赖省、市组织的有关培训和各类交流会议，缺乏系统的内部培训体系，使杭科院辅导员培训工作在实际开展中表现出零散性、随机性和浅表性等缺陷。

(2) 培训保障支持不足。完成培训工作，需要人力和财力两方面保障。在人力方面，因培训大多是临时行为，教师也是临时选用的，培训师资不固定，没有专门的教师负责研究和制定培训内容，造成培训师资缺乏。在财力方面，杭科院没有设立对辅导员培训和研修的专款，限于学校财力状况，相对于整个辅导员培训系统要求的资金保障还有较大缺口。

(3) 培训内容重知识轻能力、品质。杭科院的辅导员培训以思想政治教育、学生事务管理以及就业指导知识传授为主，实际工作技能的培训还较少，对辅导员情绪、性格、品质等内在的深层次的能力和品德的提升就更少。

(4) 培训形式过于单一。辅导员培训采取的形式多为通过专家、学者讲理论，辅导员讲经验来提高辅导员的专业水平和业务能力。这类以课堂教学、开会座谈和专题讲座为主的培训形式过于单一、枯燥，难以达到进一步激发辅导员热情，满足个性化的需求。

(5) 培训效果缺乏评估。科学的培训体系形成离不开效果评估。杭科院辅导员培训过程中不乏对辅导员学习情况的督促检查，但这种学习检查不能代替对培训本身的效果评估，即通过培训评估来分析测试培训的全过程是否有效，从而进一步完善培训体系。

三、基于胜任力的高职辅导员培训体系的构建

与传统基于岗位的辅导员培训相比，基于胜任力的培训，从传统的传授知识、提高技能及改变态度的层面，转移到能够产生优秀绩效的深层、全面的胜任力建设上来。这种以个人胜任力为基点的培训模式，让辅导员们感受到领导的信任、学校的支持以及更多的公平感。以胜任力模型为基础的培训，也更多关注产生优秀绩效的胜任力，有助于使受训辅导员寻找自身绩效低下的原因，弥补胜任力差距，为将来提高个人工作水平打下基础。所以，构建基于胜任力的高职辅导员培训体系，对辅导员工作绩效的提高、工作的高效完成、学生工作的有序开展有着十分重要的影响。

(一) 相关概念的界定

1. 胜任力

目前一般认为，胜任力是一些能使人有效或更好工作的潜在

特质,包括动机、品质、个性或态度和行为等关键特征,且凭其能区分出绩效优秀者和绩效平平者。我国学者仲理峰、时勘将胜任特征定义为能够把某职位中表现优异者和表现一般者区别开来的个体潜在的、较为持久的行为特征。这些特征可以是认知的、意识的、态度的、情感的、动力的或倾向性的等。

综合学者们的各种观点,可以总结出胜任特征的几个重要特点: ① 所有个体的特征,无论是生理上的还是心理上的,内隐的还是外显的,只要能将绩效优异者和绩效一般者区分开来,就可以界定为胜任特征; ② 胜任特征是在具体情景下对知识技能以及动机态度等的运用,不能脱离情景而存在,可以用行为来衡量; ③ 胜任特征能区分优秀绩效者与普通绩效者,能够预测工作者未来的工作业绩。

2. 辅导员胜任力

近几年来国内相继有学者对辅导员的胜任特征进行了探索。杨继平、顾倩对山西大学辅导员的胜任特征进行研究,得到 16 项胜任特征,包括原则性、言语表达能力、沟通能力、应变能力、组织能力、关爱学生、创新能力、观察能力、职业忠诚感、促进学生发展的能力、个人魅力、思想道德修养、理解和尊重学生、心理辅导能力、反省认知能力等方面。其中,大学生认为高职辅导员最重要的前 5 项胜任特征依次是:理解和尊重学生、言语表达能力、原则性、关爱学生、职业忠诚感。

彭庆红(2006)构建了高职辅导员素质结构模型,提出高职辅导员的素质可以归为三类:管理能力素质、专业知识素质和个人思想政治素质。其中管理能力素质包括表达能力、沟通能力、分析判断能力、应变能力、组织管理能力、自我控制能力等方面;专业知识素质包括科学研究能力、思想政治教育专业知识、创新能力、身体素质、法律素质、综合知识等方面;个人思想政治素质包括思想素质、政治素质、道德素质。高职辅导员最需要提升的素质依次是专业知识素质、管理能力素质、个人思想政治素质。

陈建文通过对大量的材料梳理和对来自20所高校40个院系的89名大学生及62名辅导员进行调查，构建了高校辅导员胜任力清单，论证了高校辅导员的胜任力是由专业知识、职业态度与品质、人际沟通与协调、问题解决能力、自我调节和外倾性六个维度构成。本文将依据此模型，对辅导员培训体系进行构建。

（二）基于胜任力的高职辅导员培训的需求分析

对辅导员进行培训首先要确定培训的需求，只有明确辅导员在哪些胜任力方面存在不足和问题，才能使培训工作做到有的放矢，真正达到培训的目的。在基于胜任力的培训与开发体系中，胜任力模型为培训需求分析提供了可参照的标准。辅导员胜任力模型是能有效区分优秀绩效者与一般绩效者的一系列个性特征集合，因此基于辅导员胜任力的培训不单是传统意义上的提供知识、提高技能、转变观念，而是在卓越绩效所需的胜任力与培训内容之间建立的联系。

伴随着新时期教育要求的不断提高，辅导员队伍被提出更高要求：更新知识、更新观念、坚持“以生为本”的教育理念。基于胜任力的培训需求分析需要鉴定出在岗辅导员当前的知识、能力及品格集合与目标胜任力个性特征集合之间的差距，在优秀绩效所需的胜任力与培训内容之间建立联系，进而形成培训需求。

一般来说，辅导员是否需要培训主要取决于两方面：一是辅导员当前胜任力水平与岗位胜任力要求是否有差距；二是辅导员当前胜任力水平是否能达到组织内外变化对职位所提出的新的要求。可以对照辅导员行为方式和绩效水平与组织期待的行为方式及绩效水平来判断辅导员胜任力水平是否符合当前岗位胜任力要求。如果不能满足，应该通过分析比较，找出差距，并以此来确定培训需求。所以说,基于胜任力的培训需求分析兼顾了组织和个人两者的共同需求,是一个双赢的模式。

（三）基于胜任力的高职辅导员培训计划的制订和落实

在对培训需求进行比较充分的分析基础上,我们着手基于胜任力的高职辅导员培训计划的制订和落实,主要包括以下几部分内容:

（1）确定明确的培训目标。基于胜任力的培训目的是增强辅导员取得高绩效的能力、适应不断变化的环境的能力和胜任力发展潜能。通过培训建立辅导员的上升通道,使其明确自己将来的发展方向。根据胜任力模型的要求,给辅导员设立目标,使他们由一般绩效者变成优秀绩效者。辅导员在培训中所学习和掌握的知识、能力和技能应有利于个人职业的发展。通过培训,可以促进其个人职业发展,同时,辅导员通过培训将感受到学校对他们的重视,这样有利于提高自我价值的认识,也有利于提高其工作积极性与工作忠诚度。

（2）选择发展性的培训内容。培训内容主要是辅导员在知识、技能、态度和价值观等胜任力要素上的水平与当前及未来要从事的职位胜任力要求之间的差距。基于胜任力的培训体系是个性化的培训方式,通过对辅导员胜任力的分类、分层剖析,参照辅导员胜任力模型,比较容易发现胜任力的差距,从而确定培训内容。与此同时,辅导员管理机构要帮助辅导员做好培训前的准备工作,如确保受训辅导员有充分的自信,了解工作环境的特征;使受训辅导员意识到自己的培训需要、职业发展兴趣及个人培训目标;保证辅导员具备基本的技能水平和培训资料等。

（3）确定针对性的培训类型。通过研究发现,胜任力的可塑性和重要性有高低之分。可塑性高的胜任力意味着可以通过后天培养迅速提高,而可塑性低的胜任力则很难通过后天培养而改变,同样对某一岗位而言，胜任力的重要性也有高低之分。所以要针对培训内容所确定胜任力的可塑性及重要性决定培训的类型。在开展辅导员培训时也应鉴别辅导员们所需加强的胜任力类型，根据不同的胜任力的重要性与可塑性，采用不同的培训类型。

(4) 设计多样化的培训方式。辅导员的培训应注重实践，少讲理论，多讲案例和操作。根据培训目标和培训内容，在条件允许的状况下，确定可行的培训方式，其中包括讲授、研讨、案例研究、行为示范、工作轮换、角色扮演、管理游戏和现场观摩等。由于基于胜任力的培训更强调动机、价值观、行为方式等内在特质，所以应更多采用行为示范和角色扮演等方式。

(5) 实施基于胜任力的培训。培训计划一旦制订，就必须按照计划去落实，按拟定好的计划，准备好相关的培训器材、师资、场地、时间安排、参训者通知等事宜。实施中要做好培训记录，收集反馈意见，不断修正和完善培训计划。此外，还需做好相应的服务工作及沟通工作，准备好相应的应急方案，确保培训工作的顺利进行。

(四) 建立完整的基于胜任力的高职辅导员培训制度

(1) 鉴于辅导员工作性质的特殊性，培训时间与形式需要灵活多样化。在时间安排上，结合辅导员工作时间长且不固定的特点，应以不定期培训为重点。比如杭科院 2014 年的辅导员培训陆续安排在学生无课程安排的时间和暑期等节假日。在学习形式上，分层次进行。对于新辅导员，以集中学习为主；而对于经验丰富的和处于管理岗位的辅导员，则以相互交流和自我学习为主。杭科院新辅导员上岗第一学期，必须参加省里组织的新任辅导员集中岗前培训，加强对岗位的认识和理解。而有工作经验的辅导员，则大多参加校内组织的小型交流学习活动，比如辅导员成长小组的圆桌会议等。此外，处于管理岗位的辅导员，根据我校实际情况,还将参加校外各级各类业务交流和培训。

(2) 建立培训制度时,还需特别关注培训内容的前瞻性和针对性。前瞻性要求立足现实、着眼未来。一方面,辅导员培训内容应立足于学生管理工作的实际运用,并结合学校实际和辅导员的自身特点;另一方面,还需要关注知识与理念的新发展,开阔辅导员视野,促进辅导员生发继续接受培训的愿望。2014 年 3 月初,杭科院就曾针对全体辅导员进行以"辅导员职业素养提升"为主题的培训,力争与全国辅导员职业能力标准的要求不断靠拢。针对性要求所有培训项目都要针对学生管理工作中具体的、归类性的问题,并综合考虑辅导员的兴趣和工作需要,激发辅导员的胜任力使之得到最大限度发挥。2014 年杭科院也陆续邀请了全国优秀辅导员和浙江省教育厅宣教处领导作了有关"辅导员职业化"的专题培训,让辅导员对于自己的具体工作增加认同感。

(五) 加强对基于胜任力的高职辅导员培训效果的评估与反馈

为了提高基于胜任力辅导员培训的有效性,需要加强对培训过程本身的效果评估,通过建立全面有效的培训评估体系来评估辅导员培训的全过程是否有效,并及时做出反馈调整,从而进一步完善培训体系。作为一个完整系统的培训活动,应使评估贯穿于整个过程,并且坚持结果评估和过程评估相结合的原则。但是,每个阶段评估重点应该有所不同,比如在培训需求分析阶段,主要评估培训需求是否全面、准确等。培训评估的模式主要有柯氏模式和成本收益法等,其中柯氏模式比较适合基于胜任力的培训体系。它认为培训效果可以从以下四个层面反映出来:第一层面是评估受训者的反应,可以采取问卷调查法、访谈等方式进行;第二层面是评估受训者学到的东西,可以通过书面测试、现场操作、情景模拟和绩效考核等方式进行;第三层面是评估工作行为的变化,可以通过直接观察、360 度评价等方式进行;第四层面是评估对组织绩效及组织能力提升的影响,可以通过员工业绩价值量、工作质量、工作效率、离职率等指标进行测定,主要测定内容是个体、群体、组织效率状况是否改善。辅导员管理机构可根据培训内容及方式、培训胜任力的重要程度等因素,决定评估所要达到的程度,并选择适当的工具和方式对基于胜任力的辅导员培训进行效果评估。

（六）重视基于胜任力的高职辅导员培训成果的转化

培训成果的转化是指受训者将在培训中学到的知识、技能和行为运用到实际工作中的过程。为保证受训辅导员能够顺利将培训成果转化,管理人员及同事要为受训者在工作过程中运用培训所学内容提供必要的支持,同时,还要让受训者了解自己如何承担起自我技能改进的责任。

基于胜任力的高职辅导员培训体系的构建还处于尝试过程,需要根据相关的理论并结合高职院校的实际不断探索与完善,以不断提高高职辅导员培训的科学性和实效性。

参考文献

[1] 张芳:《从胜任力模型看其培训体系的构建——以高校辅导员为例》,《中国集体经济》,2012 年第 10 期。

[2] 蔡颖:《基于胜任力的高校辅导员培训》,《中国职业技术教育》,2008 年第 24 期。

[3] 陈建文,汪祝华:《高校辅导员胜任特征结构模型的实证研究》,《高等教育研究》,2009 年第 1 期。

[4] 吴坚红:《基于胜任力培训体系及有效性实证研究》,浙江大学

硕士论文,2006 年。
[5] 彭庆红:《高校辅导员素质结构模型的构建》,《清华大学教育研究》,2006 年第 27 期。
[6] 梁金霞,徐丽丽:《完善制度、健全机制、推动辅导员队伍健康发展——全国 103 所高校辅导员队伍建设状况调研报告》,《国家教育行政学院学报》,2006 年第 6 期。

高职院校辅导员师德建设的思考
——以杭州科技职业技术学院为例

陈亚青

摘　要：为让“爱满天下”的教育思想体现在职业教育的全过程，在明确师德和师德建设内涵的基础上，把握高职院校辅导员师德建设的重要性，通过分析现实存在的问题，以杭州科技职业技术学院为例，探索高职院校辅导员师德建设的有效举措。

关键词：高职院校　辅导员　师德建设

作为我国教育事业的重要组成部分，高职院校面临提升教育质量和人才培养质量的迫切需要，而建设高水平高职院校，需要一支高素质教师队伍。加强高职院校辅导员师德建设，是培养师资队伍的关键，也是提高高职院校核心竞争力的关键，更是高职教育的灵魂所在。

追溯校史，从1916年办学至今，杭州科技职业技术学院始终把师德建设放在教师队伍建设的首位，在陶行知“爱满天下”教育思想的感召下，结合学校实际，不断加强和改进师德建设，为辅导员学习和践行社会主义核心价值观，肩负起教书育人的光荣职责，营造了积极的学习氛围。本文将结合学校实际，在明确师德建设内涵的基础上，把握高职院校辅导员师德的重要性，并试图探索其建设的有效途径。

一、明确高职院校辅导员师德建设的内涵

师德,即教师的职业道德,是教师在长期教育实践过程中形成的比较稳定的道德观念、行为、规范和品质的总和,也是学生成长学习过程中的标杆。2011 年颁布的《高等学校教师职业道德规范》明确指出:教师职业道德是教师和一切教育工作者在从事教育活动中必须遵守的道德规范和行为准则,包括爱国守法、敬业爱生、教书育人、严谨治学、服务社会、为人师表六个方面的内容。在规范的指导下,2014 年 9 月,学院党委会讨论通过了《杭州科技职业技术学院师德师风实施细则》,把师德考核内容界定为:依法从教、爱岗敬业、为人师表、教书育人、服务社会五个方面。

从师德的内涵看,师德建设内容丰富,涵盖面广,需要引导辅导员从确立职业理想、强化职业责任、严守职业纪律、优化职业作风、提高职业技能五个方面进一步完善。我校师德建设选择坚持"以生为本"的工作理念,就必须把辅导员的人格建设放在首要位置,以个性化教育为特征,树立新观念和全心全意为学生服务的意识。

二、把握高职院校辅导员师德建设的重要性

《国家中长期教育改革和发展规划纲要》(2010—2020 年)明确提出:国运兴衰,系于教育,教育振兴,全民有责;在党和国家工作全局中,必须始终坚持把教育摆在优先发展的位置。而师德乃立教之魂。师德立,则教育兴;师德兴,则教育强。也就是说,国家的兴衰,取决于教育;教育的兴衰,取决于教师。辅导员作为大学生思想政治教育和管理工作的主力军,是高职院校从事德育工作的骨干队伍,是大学生健康成长的重要保障。因此,辅导员师德建

设在高职院校人才培养过程中具有重要意义。具体体现在：

（1）从国家层面看，师德建设是构建和谐社会、实现"以德治国"的需要。教师担负着培养人才的神圣使命，其政治思想、道德品质、为人处世的态度，不仅对教育本身，还对整个社会风气及精神文明建设都具有重大影响和推动力。

（2）从学校层面看，师德建设是高职院校和谐发展的重要保证。学生是高职院校的主体，学生的学习风气、品德言行直接关系着学校的和谐发展。要引导学生塑造健全的人格，就要求辅导员自己先做到品德高尚，尊重、关心学生，与学生建立良好的师生关系，并通过工作和生活展示自己的人格魅力去感召学生，从而担当起培养高素质人才的重任。

（3）从自身层面看，师德建设是辅导员队伍建设的内在要求。辅导员的师德是实施教育的前提，也是自我完善的内在动力和敬业乐教的基础。既然选择了辅导员这个职业，就代表着人生航程需始终面临人格的挑战，只有不断加强自身道德修养，才能更好地适应时代发展要求，做一名合格的、学生满意的"老师"。

三、分析高职院校辅导员师德建设存在的问题

总结历年招生情况，多数高职院校生源呈现两大特点：一方面，有积极向上的态度，但对人生价值的理解和定位模糊；另一方面，有为他人献爱心、为社会做贡献的信念，但缺乏理性思考，立场不够坚定。受生源质量影响，高职院校辅导员的成就感、归属感和事业心相对较弱，同时面临着工作任务重、难度大、压力大等问题。高职院校在辅导员师德建设中存在的问题也日渐突出，具体表现为：

（1）高职院校对师德建设的重要性认识不足。目前很多高职院校存在"重教育教学质量，轻辅导员师德建设"的现象，只抓教育

教学，师德建设形同虚设。很多院校还未明确专人分管、专项落实，师德建设只是依附在其他工作中顺带进行。

(2) 高职院校师德建设的各项工作机制不完善。现实中，很多高职院校师德建设的日常工作机制缺乏系统性、规范性，没有及时总结师德建设中的经验，未能形成符合辅导员师德建设自身特点的体系，也无法适应辅导员队伍发展的新情况。从准入制度开始，到培训制度、宣传制度，再到考评制度、监督机制，还有档案制度等都未能得到很好的应用。

(3) 辅导员自身的师德水平在一定程度上受到外界质疑。一方面，辅导员的政治理论素养有待进一步提高。受社会不良风气的影响，部分辅导员忽视了对政治理论的学习，放松了对理想信念的追求，导致政治素养偏低。另一方面，辅导员的榜样示范作用有待进一步彰显。部分年轻辅导员在学生面前发泄对学校工作和环境待遇的不满，甚至过分渲染社会阴暗面，影响学生的世界观、人生观和价值观。

四、探索高职院校辅导员师德建设的有效举措

高职院校辅导员师德的养成和培养是一个长期过程，学校对辅导员师德建设负有不可推卸的责任，辅导员自身努力也是加强自身师德养成的重要因素。

(1) 建立健全科学规范的辅导员准入制度，坚决把好入口关。多年来，我校致力于用陶行知的教育思想建设学校，践行“以生为本”的服务理念和“爱满天下”的教育思想。2014 年 9 月颁布的《杭州科技职业技术学院师德师风实施细则》，从组织领导到主要举措，从考核内容到考核办法，都有了明确规定，考核对象中也明确提到包含辅导员。并且在新辅导员招聘录用制度上，更注重对其思想政治素质的考察，更多要求了解新应聘辅导员的职业道德、

学术素养和师德品行等。同时，我校还准备实行新入职辅导员宣誓制度和师德承诺制度，组织入职宣誓仪式，增强责任感和荣誉感。

（2）建立和完善师德培训机制，不断推进师德建设。高职院校应逐步建立起岗前培训、任职培训、继续教育培训等多种师德培训形式。对新辅导员开展岗前培训时，应把职业道德培训置于突出位置，增加比重，活化方式，确保新辅导员师德培训效果。为此，我校要求学生处和各二级学院专门建立对辅导员、班主任等学生工作者的师德专题培训制度。2014 年 9 月开学前夕，学生处邀请了 2012 年全国高校辅导员年度人物沈嫣老师到校做工作经验交流，她以“乐 · 做辅导员”为题，详细阐述了辅导员的个人修养，为新辅导员切实发挥引领作用指明了方向。

（3）结合学校各类表彰，坚持师德宣传制度化、常态化。我校结合“三育人先进个人”“知心辅导员”“优秀辅导员”等评选活动，通过展板、网络等方式宣传先进事迹，为辅导员树立典型和学习的榜样，用榜样的力量启迪、引领后进，强化辅导员的责任意识与育人能力，努力营造崇尚师德、争创师德典型的良好舆论环境和社会氛围。同时，高职院校可尝试召开各种层面的座谈会，也可举办师德论坛，促进师德建设的理论创新、制度创新和管理创新，推动师德建设宣传工作常态化。

（4）以师德为基础，完善师德考评制度和监督机制。在辅导员师德建设中，高职院校要制定一套具有科学性、规范性和可操作性的考核制度和考核标准，并设立专门的监督机构来贯彻实施。我校辅导员师德考核与年度考核、评优评奖、专业技术职务评聘等相结合，由各师德建设工作小组具体组织，采用学生评价、教师自评、教师互评与二级学院评价相结合的形式。2014 年起，我校还建立了面向教师、家长、学生、社会的意见信箱和投诉电话等监督举报渠道和反馈平台，最大限度地征求各方面意见，对合理意见进行参考和采纳，以保证考评的全面性和客观公正性。

(5) 对辅导员自身而言，应发挥优势，加强学习，践行“爱满天下”的教育思想。辅导员不仅是党和国家政策方针的拥护者和传播者，也是教育学生的活榜样，这就决定了其职业的特殊性。

① 充分发挥辅导员的自身优势。一方面，辅导员相对年轻，年龄上和学生比较接近，在学生工作中应平等、公正、宽容、真诚地对待学生，尊重学生的人格和个性，从而有利于学生信任辅导员，也有利于辅导员掌握学生的心理活动，有效帮助学生。另一方面，辅导员的一言一行对学生有重要影响力，在育人过程中辅导员要以自己高尚的人格为学生提供楷模、示范作用，以奉献事业的精神感染学生，以严谨的工作态度引导学生，用发展的观念指导学生。

② 加强理论学习，确保先进思想。随着社会的发展，教育也在不断改革，作为教育的灵魂，师德必然会随着教育的改革而发生变化。这就要求高职院校辅导员必须与时俱进，研究新时期高职教育的新问题、新挑战，不断了解新一代学生群体的特点。辅导员学习的内容要丰富多样，如职业理想教育、职业道德教育、法律法制教育、心理健康教育等。学习的方式也可以灵活多样，如自主学习，或者学校组织统一培训、报告、讲座。最重要的是辅导员要找到适合自己的方法，把理论内化为修养。

③ 持续、深入践行“以学生为本、为学生服务、促学生发展”的工作理念和“爱满天下”的教育思想。师爱是教育的桥梁和钥匙，在与学生相处时必须充分利用。热爱学生可以表现为理解尊重学生的独立性、主体性，形成平等融洽的师生关系，进而以发展的观点评价学生，用心挖掘其优点和创造力，切实维护其身心健康，发挥每位学生的最大潜能。辅导员因热爱学生而同时扮演着学生挚友的角色，要教会学生学习、工作、生活和做人之道，营造一个积极

向上、充满活力的生活学习氛围和班级集体。

每一所高职院校都承担着人才培养、科学研究的共同任务，都面临着内涵建设和转型发展的共同压力，但每所学校的发展历程、办学背景、办学特点和办学目标各不相同，对于辅导员的相关政策、制度也不尽相同。因此，高职院校在辅导员师德建设过程中，必须牢牢把握学校实际，做好顶层设计，逐步推进体现学校个性的特色发展。师德建设是一个系统工程，不仅需要高校辅导员的自我管理、自我提升，更需要学校、社会与教育群体的共同努力。让我们共同努力，以良好的师德，撑起高职教育的蓝天。

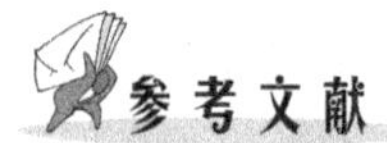

参考文献

[1] 孙京南:《高校师德建设存在的问题、成因及对策研究》,《现代交际》,2014 年第 8 期。

[2] 周虹:《高职院校师德师风现状分析与对策研究》,《职业教育研究》,2014 年第 8 期。

[3] 张煜:《论师风师德建设在高校思想政治理论课中的重要性》,《学生党建与思想教育(高教版)》,2014 年第 8 期。

[4] 田亚鹏:《人才培养视域下的高校师德师风建设》,《学园(学者的精神家园)》,2014 年第 25 期。

[5] 王亚娟:《如何加强师德师风建设和教育》,《科技创新导报》,2014 年第 19 期。

笑对学生工作，愿做“带刺玫瑰”

——浅谈高职院校辅导员工作的创新与实践

张　曼

摘　要：从辅导员应学会进行正确的自我角色定位，以积极乐观的态度对待工作，解决好辅导员众多角色的混乱纠缠的问题入手，继而到应以良师益友的身份走进学生，必要时能“刚柔”并济、“宽严”结合，再到要更新管理理念，充分发挥辅导员的组织、引导和协调作用，细致筹划，大胆放手，积极落实组织班级自主管理的理念，最后总结指出，只要凭着一颗爱生之心，就能做到笑对学生工作，只要善于与学生沟通，就能促进师生的交融，做好学生管理工作。

关键词：高职院校　辅导员工作　创新　实践

高校辅导员是高校学生工作最基层的组织管理者和协调人，他既是教与学双向交流的信息员，又是学生学习生活的服务员，其自身素质、政治和专业知识水平直接关系到学生队伍的建设甚至学校的发展。高职院校的辅导员工作作为学校教育和管理的重要组成部分，不仅对班风、班貌有重大影响，而且对整个学校的教育也有影响。学生工作的细微烦琐，决定了辅导员工作更要讲究科学性和艺术性，辅导员应学会进行适当的角色定位，以积极乐观的心态笑对工作，以良师益友的身份走进学生，必要时既能“刚柔”并济，“宽严”结合，又要有“攻坚克难”的能力，还要有多观察、早发现、及时处理的责任心。

一、笑对工作，乐待学生

当一个高职院校辅导员难，当一个好的“3+2”班辅导员更难。我院“3+2”班的学生，多数为“富二代”，女生活泼好动，缺乏自律，自尊心还特别强；男生好大喜功，自以为是，长于意气用事。对于他们，老师批评重了拒不接受，批评轻了不起作用，受点儿表扬又沾沾自喜，忘乎所以。面对这样的学生群体，刚走上辅导员岗位不久的我，曾每天牢骚满腹，怨声载道，但还是创新工作思维，勇敢迎接挑战！

曾有这样一个小故事感动了我：“一位烤面包的师傅甲很爱自己职业，每天都开开心心地微笑着烤面包，他烤的面包松软可口，卖得很好；而另一个面包师傅乙则每天抱怨这份职业如何不好，然后很不情愿地工作，结果他烤的面包又硬又难吃，没人去买。”

假如我像面包师傅乙那样，成天抱怨工作，那么就只能感受到工作带来的痛苦。试想，一生要从教几十年，天天这样满腹牢骚的工作，还有快乐可言吗？相反，如果能像面包师傅甲那样，爱自己的职业，把工作看成是件愉快的事情，我将体会到辅导员工作中的很多乐趣：某个问题学生改正缺点了，学生成绩有进步了，学生由不懂事的孩子成长为一名对社会有用的人才，班集体在我们的带领下由一个纪律涣散的班级变成了一个班风正、学风浓的集体……这时，我就是最快乐的，也是最幸福的，这是任何其他荣誉都无法比拟的。

首先，要保持一个积极良好的心态，笑对辅导员工作，用快乐的眼光去发现辅导员工作中快乐的一面，让自己做个积极、乐观、向上的人。

其次,要做到爱学生,以赞赏的眼光看待每一个学生。古今中外的教育家们教育思想有所不同,教育风格各有千秋,但有一点是共同的,那就是“爱的教育”。离开了爱,一切教育都无从谈起。有这样一段话:如果一个孩子生活在批评中,他就学会了谴责;如果一个孩子生活在鼓励中,他就学会了自信;如果一个孩子生活在认可中,他就学会了自爱。教师的教育行为潜移默化地影响着学生对学习、对生活,甚至对人生的态度。因此,作为一名教师、特别是高校的辅导员,应该以赞赏的眼光看待每一个学生,尤其是对待我们学校的“3+2”班的学生,既不能伤害他们的自尊,又不能放任他们的不自律。我们应在不断地总结后逐渐摸索出一些管理学生的好方法,时时关注每个学生,发现其闪光点,其实,激励和赞美的力量才是无穷的。

二、善于沟通,树立威信

学院对学生的教育,主要是以辅导员为第一渠道、第一责任人的。因而可以说,辅导员工作在整个学院工作中占有十分重要的地位。要当好辅导员,首先需树立自己的威信。因为个人威信是沟通学生心灵的纽带,是辅导员与学生之间感情传递的载体。没有这样的纽带和载体,就无法把班集体搞好。我认为老师的威信应该包括三种内涵:权力威信、能力威信、情感威信。权力的威信令人敬畏,叫人不敢违;能力的威信令人敬仰,使人不能违;情感的威信令人亲近,让人不愿违。据说某些中职学校在选班主任的时候特意选“凶”的老师,认为凶的老师能镇住学生。但现实结果是班主任越凶学生反抗得越厉害,学生表面敬畏班主任,却在背后使坏。因此,这三种威信中,辅导员应注重树立情感威信和能力威信,而少用权力威信。在情感威信的树立中,应学会变生硬命令为平和说理，但这种平和不能是无原则的温情脉脉；辅导员要体察学生的情绪意志、尊重学生的个性潜质，要注意既不能与学生之间的距离走得太近，又不能走得太远。总之，要有底线，这样才能得到学生的认可和敬畏。

传统的教育观念中，教师是高高在上的，"一日为师，终身为父"，教师形象威严，对学生的教育称作教诲、训导，教师和学生在地位、人格上是不平等的，教育是单向的流动，学生是被动接受教育，主观感受被忽略，情感的交流被抑制，许多问题得不到及时地疏导，容易产生厌学的情绪。当今的教育，尤其是高职教育要求教师要从人格平等的基本观念出发，做到把学生看成是有主观能动性的、有感情、有思想、有独立人格的活生生的人，而不是可以任意摆布和要求的工具。

三、更新观念，促进交融

构筑平等的师生关系需要教师放下架子，摆脱居高临下的姿态，在实施教育的具体过程中，不能习惯于单纯地从成年人、教育者的角度，带着"爱之深，责之切"的心理去进行说教、指正。而要善于倾听，了解学生怎么想、怎么看，尝试从学生的角度去看问题。在日常生活中，通过一些小事让学生感受到关心和爱护，如学生生病带学生到医务室看病，与学生照面时，不是旁若无人地走过去，而是主动跟他们打招呼，让学生觉得辅导员是容易亲近的。此外，利用独聊使师生之间保持零距离，利用鼓励机制激发学生扬长避短，多走进"群众"，预见并及时发现学生中存在的问题。

著名教育家苏霍姆林斯基曾说过："教育的核心就其本质而言，就在于让孩子始终体验到自己的尊严感。"因此，辅导员对学生的教育要讲求方法，要适度，要合乎情理。"人非圣贤，孰能无过"，老师不是圣人，学生也不是圣人，辅导员要树立"允许学生犯错误的教育观”,把育人当作一项长期的事业,用发展的眼光去看待每一位学生,要有一颗对学生宽容的心。在平时管理工作中,当有学生请假时,我会关心地询问他哪里不舒服或是家中有什么事,取代用怀疑的眼光上下打量,看他是不是说谎。对学生教育目标的确定,不能主观臆断地采取高标准、严要求,而应根据学生的实际年龄、层次来制定,要让学生通过努力可以达到,这样才有助于满足学生的成就感,增强学生的自信心,激发学生的学习兴趣,增进师生的感情。

要当好高职院校的辅导员,走进学生心灵,就要做学生的良师益友。我始终用这样一句教育名言来提醒自己——“教育是爱的事业”。爱学生,就意味着对学生的现在负责、对学生的将来负责、对学生的一生负责。作为一名年轻的辅导员,我正努力关注我的每一位学生,关心他们的学习和生活,尝试着成为他们的知心朋友。因为只有教师主动架起通向学生的爱的桥梁,用情感这把钥匙开启学生的“心灵之锁”,才能真正地了解学生。点点滴滴的关注,久而久之师生之间的距离才能拉近,学生们有知心话才愿意讲给我听,才便于我能及时地了解到他们的思想状况,有利于教育工作及时地开展。谁进步了,给予表扬和勉励;谁退步了,给予提醒和鞭策;谁生病了,给予关心和爱护;谁有困难,给予帮助和安慰,努力使自己成为他们的朋友。我相信,教师送出的是真情,收获定会是真心回报。

四、大胆放手,自主管理

高校学生已经具备了明辨是非的能力和组织协调的能力,对于班集体中的某些具体工作可以放手让学生干部组织和管理,辅导员只需进行不定期的检查、监督和指导,其主要精力应放在以下几方面。

（1）抓整体教育。班集体是影响学生成长发展的重要环境，对班级教育环境的建设要从学生的整体发展目标着眼，把握学生中的主流，注意对主流的教育、引导和正面影响，充分发挥主流的带动、教育和示范作用。切忌以枝节问题分散学生的注意力。例如：有的辅导员成天围着几名优生转，或被几名"差生"牵着鼻子走，这样的教育失去了对多数学生的关爱，势必造成班级整体的浮躁与涣散。

（2）抓舆论导向。班集体的建设，正确的舆论导向是关键。辅导员要注意对学生的思想导向、行为导向和班集体舆论导向等的引导。思想导向的关键是让学生学会做人，形成对自己、家庭和社会的责任感；在行为导向上，让学生学会学习、学会生活和学会交往，养成良好的行为习惯；辅导员需要用正确的价值评价来进行引导，以令学生形成正确的动机和行为选择。在班集体中正确的舆论导向可以使学生遵守纪律、努力学习，自觉地改掉不良习惯，从而形成自我管理、自我教育的良好舆论氛围。

（3）抓问题关键。辅导员应从烦琐的事务管理中解放出来，更多地抓较大问题的决策和解决，诸如规则的制定，学生间的纠纷，任课教师与学生、家长与学生关系的协调，重大违纪事件的处理以及表现较差的典型转化工作。这些事关全局的问题是学生没法解决的，必须由辅导员协调处理。

落实班级自主管理，需要辅导员通过自己的智慧，为班级自主管理创造理想的民主和谐氛围，使班级学生具有较强的集体主义观念，具有班级认同感和自豪感，能够为班级无私奉献。辅导员要为班级自主管理做好各类活动的调控和引导，要充分利用班团会的主阵地为自主管理进行评价和促进。

五、准确定位，顺势而为

辅导员在班集体建设中负有直接的责任，起着主导作用。当然这种作用不是事必躬亲、包办代替，而是体现在对班级学生教育、管理的组织和调控上，可以说学生参与班级自主管理，对辅导员的组织能力、调控技巧和教育艺术提出了更高的要求。

及时指导学生自我检查和总结，通过自我检查、总结评比，使学生既能看到自己的成绩，又能认识到自己的不足，从而促使其自主管理能力不断提高。例如我会充分利用小班会这个助推器助推班级建设，由值日班长总结本周情况，表扬好的，指出不足，再提出新的要求。又如在运动会上我院学生取得了第二名的好成绩，我让学生谈谈他们的看法，同学们发言踊跃，都说是大家共同努力的结果。通过总结，学生心中树立起了强烈的尊严感、荣誉感。在这种开放性的学习、生活氛围中，学生的自主管理能力得以提高，同时也强化了他们的自主管理意识，从而进一步促使良好班风的形成。

辅导员要增强民主意识，树立正确的学生观，摆正自己的位置，不强迫命令，事事凌驾于学生之上，而是尊重学生、相信学生、依靠学生，时时处处想到学生的主体地位和民主权利，使学生在班级中有深切的当家做主的体验。只有这样才能激发学生参与班级建设的积极性、主动性和创造性，为班级自主管理提供前提条件。

事实上，学生管理是复杂的师生交往、生生交往过程，辅导员在这个交往过程中所扮演的角色也相对复杂，既有相当于父母或监护人的角色表现，又有朋友的角色表现，同时更是学校行为规范的执行者的角色表现，在众多的角色要求与角色行为中，辅导员很容易陷入两难或多难的不良境地。但是，要想解决辅导员众多角色的混乱纠缠，其实也不难，只要把握住一个基本准则：这就是始终能真诚面对，在需要严厉的时候一定要严厉，需要温情的时候一定要温情。也就是说，要把握好温情与严厉的和谐统一：面对学生的问题与错误时一定要严厉、严格，平时和学生交往的时候一定要温情、温和。如此下去，辅导员和学生“私下是朋友、公开是师生”就不是一句空谈了。

高职院校辅导员工作既烦琐又辛苦，也许有人看来多是些平凡而微小的事情，但在我看来它们就像是一枝枝玫瑰，虽然微不足道，但带来的温馨却会在“赠花人”和“受花人”心底架起一座座沟通的桥梁，一种温暖美好的感觉会在他们的心中慢慢升腾、弥漫……我相信老师只要凭着一颗爱生之心，就能做到笑对工作；只有做到不断更新教育观念，善于与学生沟通，才能促进师生交融，在学生中树立威信，做好教育管理工作。

参考文献

[1] 张捍萍：《新形势下高校班主任的工作职责与素养》，《学校党建与思想教育》，2006 年第 10 期。

[2] 曹慧群，魏波，张黔玲，等：《高校新生班主任工作的探讨》，《中国西部科技（学术版）》，2007 年第 2 期。

[3] 许丽丽：《论和谐发展理念下的民办高校班主任工作》，《考试周刊》，2010 年第 33 期。

[4] 徐佳，曹晖：《浅述如何建设优秀的高校新生班级》，《文教资料》，2009 年第 5 期。

[5] 张国：《新时期高校班主任工作感悟》，《中国教师》，2007 年第 S2 期。